KB119004

목소리를
바꾸니
면접에
합격했다

목소리를 바꾸니 면접에 합격했다

임유정 지음

최고의 보이스 전문가 임유정의 면접 보이스 트레이닝

원앤원북스

면접에 합격하는 그날까지
당신을, 당신의 목소리를 응원한다

"10년이면 강산도 변한다."라고 했던가. 요즘 취업 채용 트렌드를 보면 '정말 많이 변했구나.'라는 것을 느낀다. 10여 년 전만 해도 자기소개서에 적힌 내용을 물어보는 정도에서 끝났던 면접이 몇 년 전부터 개인의 특성을 파악할 수 있는 '음주면접', '요리면접'으로 진화하더니, 이제는 묻지도 따지지도 않고 면접으로만 평가하는 '블라인드 면접'으로 채용 방법이 변화했으니 말이다.

바야흐로 면접 전성시대, 스피치 전성시대가 도래했다. 불만 고객을 응대하는 모습을 재현해 어떻게 말하는지 보고, 문제를 주고 토의하게 하고, 어떻게 프레젠테이션 하는지 살펴보는 다단계 심층면접, 구조화된 역량면접 등 이제는 자신이 알고 있는 것을 어떻게 표현하느냐도 중요한 세상이 되었다.

나는 지난 12년간 면접 코칭을 통해 많은 구직자들을 만났다. 또 대기업과 공기업의 면접관들도 만났다. 둘 사이의 면접에 관한 인식 차이는 상당했다. 인생에 딱 한 번, 이 시즌만 면접을 보는 구직자와 달리 면접관은 매년 상반기·하반기 면접을 본다. 그러니 당연히 면접관은 '면접의 선수'일 수밖에 없다. 면접관들의 기대치는 매년 높아지는데 구직자들의 면접 실력은 항상 제자리다.

사람들은 새로운 정보(new information)를 좋아한다. 합격하고 싶다면 면접 때 새로운 이야기를 해야 면접관에게 주목받을 수 있다. 하지만 이 세상에 새로운 내용이 어디 있을까? 새로운 표현만 있을 뿐이다. 똑같은 멘트도 다르게 말하면 다르게 들릴 수 있다.

영국의 극작가 조지 버나드 쇼(1856~1950) 묘비명에는 "우물쭈물하다가 내 이럴 줄 알았다(I knew if I stayed around long enough, something like would happen)."라고 쓰여 있다. 어떻게 잡은 면접의 기회인가? 우물쭈물하다가 기회를 놓칠 것인가?

매년 평균 신입사원 지원자는 10만 명, 그중에 서류에 합격하는 사람은 4만 9천 명, 여기서 면접을 보는 사람은 1만 6천 명, 그리고 최종적으로 합격하는 사람은 3천명이다. 이렇듯 최종합격률은 3%에 불과할 정도로 취업전쟁은 아주 치열하다. 그동안 좋은 대학에 들어가기 위해 엄청나게 노력하고, 대학에 들어와서는 학점을 얻기 위해 갖은 노력을 한 구직자들이, 막상 취업의 문턱에 와서 아무런 준비 없이 '그냥 가서 적당히 말하면 되겠지?'라고 생각하며 면접에 임하는 것을 보면 참 안타깝다. 준비를 안 하고 가면 긴장한다. '긴장'은 스피치의 가장 큰 적이다. 긴장하면 평소의 말하기 실력도 나오지 않는다.

구직자들은 면접장에서 마치 자신이 박카스 CF의 한 장면처럼 멋지고 당당한 목소리로 면접을 볼 거라 생각하지만 현실은 작고 웅얼거리는 목소리, 얇고 톤이 높은 목소리, '아, 그, 저, 음' 등 사족이 들어간 목소리, 버벅거리는 목소리 등 생각지도 못한 목소리가 튀어나온다. 하지만 실망하지 마시라. 목소리는 훈련하면 누구나 좋아질 수 있다. 좋은 목소리는 타고나는 것이 아니라 후천적으로 얻어지는 기술이다. 누구나 트레이닝을 하면 아나운서 같은 멋진 목소리를 가질 수 있다.

나는 여러분이 꼭 취업만을 위해 목소리 트레이닝을 한다고 생각하지 않았으면 한다. 내 목소리에는 나의 히스토리(history)가 들어 있다. 왜 나는 이런 목소리를 갖게 됐는지 한번 돌아보자. 그러면 앞으로 직장생활을 하면서 맺게 되는 인간관계에서도 도움이 되고 업무 역시 더욱 잘하게 될 것이다. 여러분이 목소리 트레이닝을 통해 자신의 목소리와 만났으면 좋겠다.

임유정

차 례

1장

합격을 부르는
목소리의 비밀

2장

면접관을 사로잡는
목소리 만들기

3장

면접의 주요 질문에
최적화된 목소리 찾기

4장

따라하면 합격하는
목소리 트레이닝

첫인상이 중요한 세상이다. 한 번 본 사람을 두 번 마주치기도 참 어려운 것이 요즘의 인연이다. 처음 봤을 때 확실히 내 사람으로 만들어놓아야 한다. 면접관의 마음을 사로잡으려면 비언어 커뮤니케이션(non-verbal communication)의 힘을 믿어야 한다. 목소리는 그 사람의 인격이자 태도다. 이 세상에 새로운 내용은 없다. 새로운 표현만 있을 뿐이다. 목소리가 잘 들리도록 연습하고, 진심이 가득 담긴 목소리로 만들어 면접에 꼭 합격하자.

합격을 부르는 목소리의 비밀

정말 면접에서
목소리가
중요할까요?

저는 지난 12년 동안 면접을 준비하는 구직자들을 만나왔어요. 그런데 참 신기한 것은 스펙이 좋은 학생이라고 해서 무조건 합격하는 것이 아니었다는 거예요. 오히려 스펙이 좀 안 좋고 핸디캡이 있더라도 말을 잘하는 사람들이 자신이 원하는 기업에 입사하는 것을 더 많이 봤죠.

면접은 짧은 시간에 한 사람의 인격과 능력, 태도 등을 평가하는 시험이에요. 자신의 매력을 짧은 시간 안에 보여줘야 하는 잘 짜인 무대(show)라고 생각해야 해요. 면접은 '내용'과 '표현'으로 이루어져 있어요. 내용도 중요하지만 그 내용을 어떤 목소리와 보디 랭귀지로 표현하느냐도 아주 중요해요. 표현도 실력인 거죠. 목소리에는 그 사람의 인격, 됨됨이, 태도, 건강 상태 등이 들어 있기 때문에 전략적으로 목소리를 표현해야 해요. 똑같은 말을 하더라도 목소리 좋은 사람이 전달하면 더욱 신뢰감이 생기잖아요. 면접에서는 목소리가 하나의 스펙(specification)이자 경쟁우위전략 (competitive advantage)이 된다는 점을 잊지 마세요.

🔊 Training

면접에서 호감을 주는 목소리는 어떤 목소리일까요? 나의 생각을 써보세요.

_____

_____

_____

답) 자신감 있고 당당한 목소리, 발음이 정확한 목소리 등

목소리도 물론 중요하지만 논리가 제일 중요하지 않을까요?

스피치는 크게 3가지, '논리', '보이스', '보디랭귀지'로 구성되어 있어요. 미국 UCLA 심리학과 교수인 앨버트 메라비언(Albert Mehrabian) 교수에 따르면 메시지를 전달할 때 논리는 7%, 목소리는 38%, 보디랭귀지는 55%를 차지한다고 해요. 면접관들은 절대 논리를 먼저 보지 않아요. 시각적으로 이 사람에게 자신감이 있는지를 먼저 확인하고, 청각적으로 목소리가 호감인지 듣고, 그다음에 논리로 들어간다는 거예요. 첫 번째에서 걸러지면 나중은 없어요.

물론 면접에서 '말할 거리', 즉 논리도 중요해요. 제가 쓴『면접, 나만의 스토리로 승부하라』라는 책에 논리 스토리텔링을 어떻게 해야 하는 건지 자세히 적어놨어요. 그런데 그거 아세요? 이 세상에 새로운 것은 없어요. 여러분이 면접장에서 말하는 내용, 즉 논리는 이미 면접관들이 백 번 천 번 들었던 내용일 거예요. 면접은 새로운 내용을 말하는 것보다 기존의 것을 새롭게 각색해 표현하는 것이 중요해요.

🔊 Training

앨버트 메라비언이 말한 스피치의 3가지 구성요소를 써보세요.

_____

_____

_____

답) 논리, 보이스, 보디랭귀지

합격을 부르는,
면접관이 좋아하는
목소리가
따로 있나요?

　면접관들이 좋아하는 목소리가 따로 있냐고요? 당연히 있죠. 합격을 부르는 목소리는 기술과 마음으로 만들어져요. 먼저 목소리의 3대 기술(발발호 : 발음·발성·호흡)이 있죠. 발음은 '목소리의 음가'가 정확한 것을 말하고요, 발성은 '소리의 크기'를 말해요. 소리가 크고 또렷하면 잘 들리니까 좋아하죠. 호흡은 '말의 체력'을 말해요. 호흡은 그릇과 같아요. 그릇이 커야 좋은 발음과 발성을 담을 수 있어요.

　기술만으로는 좋은 목소리를 만들기에 부족해요. 여기에 목소리의 3대 마음 자긍따(자신감·긍정심·따뜻함)를 가지고 있으면 누구나 면접에서 합격할 수 있어요. 면접 보이스 트레이닝을 통해 발발호+자긍따 목소리를 꼭 가져보자고요.

🔊 Training

내 목소리에는 과연 발발호+자긍따가 들어 있는지 살펴봅니다.
(O/X 체크)

기술	나는 발음이 정확하다.	
	나는 발성(소리의 크기)이 또렷하다.	
	나는 호흡(말의 체력)이 좋아 장시간 말해도 지치지 않는다.	
마음	내 목소리에는 자신감이 가득하다.	
	내 목소리에는 긍정심이 많이 들어 있다.	
	내 목소리에는 따뜻함이 배어 있다.	

면접관이
싫어하는
목소리도 있나요?

합격을 부르는 목소리도 있지만 반대로 절대 합격시킬 수 없게 만드는 목소리도 있어요. 합격을 시키고 싶어도 합격시키지 못하게 하는 목소리죠. 면접관들은 '아성(兒聲) 목소리', 즉 아이같이 말하는 목소리와 말투를 싫어해요. 업무를 할 때 신뢰감을 주지 못하기 때문이죠. 그리고 발음이 부정확하면 똑똑해 보이지 않아서 기피하고, 목소리가 작으면 자신감 없게 들려 싫어해요. 또한 톤이 높아 시끄럽게 들리거나, 말의 스피드가 빠른 경우도 불안해 보여 싫어해요.

하지만 면접관들이 가장 싫어하는 목소리가 뭔지 아세요? 강약이 없는 무미건조한 목소리, 툭툭 내던지듯 말하는 성의 없는 목소리예요. 이런 부정적인 목소리는 타인에게도 영향을 미치기 때문이죠. 여러분의 목소리는 어떤가요?

🔊 Training

자신이 생각하는 내 목소리의 장단점에 대해 써보세요.

- 내 목소리의 장점

_____

_____

_____

- 내 목소리의 단점

_____

_____

_____

시각적으로 이 사람에게 자신감이 있는지 확인하고,
청각적으로 호감인지 듣고, 그다음에 논리로 들어가요.

제 목소리가 호감을 주는 목소리인지 정확히 확인해보고 싶어요.

사람들은 자신의 목소리가 어떤지 정확히 알지 못해요. 주관적으로 자신의 목소리를 듣기 때문이에요. 목소리가 작은 사람들에게 "왜 그렇게 목소리가 작으세요?"라고 말하면 "제 목소리가 작아요? 저는 크게 들리는데요?"라고 대답하는 경우가 있죠? 자신의 목소리를 객관적으로 타인의 귀로 듣게 되면 그런 말을 하지 못할 거예요. 자신의 주관적인 목소리가 아닌 객관적인 목소리를 들을 줄 알아야 해요. 면접관은 내 목소리를 객관적으로 듣고 나를 평가하니까 말이에요.

Training

나의 목소리는 호감형일까요? 다음의 체크리스트에 표시해보세요.

☐ 나는 목소리가 좋다는 말을 자주 듣는다.

☐ 나는 좋은 목소리를 만들기 위해 책이나 영상을 보거나 교육을 들은 적이 있다.

☐ 나는 발음이 정확한 편이다.

☐ 나는 안정적이고 편안한 톤을 갖고 있다.

☐ 나는 어떤 상황에서든지 말의 빠르기가 안정적인 편이다.

☐ 나는 말에 강약이 있는 편이다.

☐ 나는 목소리 안에 긍정적인 에너지가 많다.

☐ 나는 사투리를 쓰지 않으며 표준어인 서울말을 구사한다.

☐ 나는 목소리에 아성, 즉 아기 목소리가 없다.

☐ 나는 목소리에 떨림이 없고 마지막 문장까지 힘을 실어 말할 수 있다.

* 8개 이상 : 매우 호감
* 7~5개 : 호감
* 5개 미만 : 비호감으로 보일 수 있음

면접을 보러 가면 정말 아나운서처럼 말하는 사람들이 있어요. 연습한 걸까요?

　얼마 전에 C사의 인재개발팀 팀장을 만났어요. "요즘은 구직자별로 면접을 보는 실력이 크게 차이가 나요. 말을 잘하는 친구들은 아나운서 뺨치게 말하고, 어떤 친구들은 너무 더듬거리고 횡설수설하고…" 여러분이 면접을 보러 가도 아나운서처럼 똑 부러지게 말하는 사람을 많이 볼 수 있을 거예요. 따로 훈련을 받는 사람들도 있고, 실제 아나운서 지망생들이 방송국에 들어가지 못하고 은행이나 증권사, 주요 대기업의 입사 시험을 보기 때문이에요. 그러다 보니 아무래도 면접에서 자신의 이야기를 전달할 때 말하기에서 차이가 날 수밖에 없어요.

　목소리는 절대 타고나는 것이 아니에요. 호감 가는 목소리를 만드는 명확한 기술이 있어요. 그 기술을 트레이닝 하면 누구나 멋진 목소리를 가질 수 있어요.

📢⁾⁾ Training

평소 목소리가 좋다고 생각했던 배우나 아나운서의 이름과 그 목소리의 특징을 써봅니다.

_____

_____

_____

이병헌, 한석규, 김남주 등 목소리가 좋은 배우들은 목소리에 울림이 있어요. 이런 목소리가 좋은가요?

그럼요. 발발호, 자궁따가 서로 섞여 아름다운 하모니가 됐을 때 나오는 소리가 울림소리, 바로 '공명(共鳴) 목소리'예요. 목소리가 좋다고 알려진 배우나 아나운서 들은 이런 목소리를 갖고 있어요. 일명 '목욕탕 목소리'죠. 사람들은 울림이 있는 소리를 좋아해요. 울림이 많다는 것은 그만큼 내면에서 진심으로 나오는 소리일 가능성이 크기 때문이에요. 마음속 깊은 곳까지 울려서 나오는 그 소리! 어떻게 이 목소리에 반하지 않을 수 있겠어요?

사실 목소리는 '숨'으로 만들어져요. 폐 안에 숨이 깊게 들어가

있어야 깊은 울림 목소리가 나와요. 숨이 아래부터 깊게 채워진다
는 것은 그만큼 마음이 편안하다는 거죠. 이건 거짓말을 하지 않고
있다는 증거예요. 진실을 말하는 거니까 그만큼 신뢰감이 생기죠.
마지막 갈비뼈에서 배꼽 사이에 숨을 담아보세요. 어렵지 않아요.
맥주를 자주 마시면 나오는 윗배에 볼록하게 숨을 담은 다음 소리
를 내뱉어보세요.

Training

자신의 숨을 관찰해봅니다. 숨을 크게 들이마시고 내뱉으며 말을 해봅니다.

울림 목소리를 갖기 위해 연습해보자. 윗배까지 숨을 깊게 들이마신 다음 소리를 낸다. 이때 숨은 아래부터 채운다고 생각한다. 그런 다음 5초 이상 소리를 내뱉는다.

5초 이상 소리 내기 아~

음~

와~

오~

우~

목소리는 절대 타고나는 게 아니에요.
트레이닝을 통해 누구나 멋진 목소리를 가질 수 있어요.

제 목소리가 어떤지 진단해보고 싶어요. 혼자 진단할 수 있는 방법이 있나요?

　이런 생각까지 했다니 정말 대단한데요? 말했다시피 사람들은 자신의 목소리를 주관적으로 들어요. 습관적으로 목소리를 내다 보니 자신의 목소리에 어떤 장단점이 있는지 잘 모르죠. 목소리가 큰 사람에게 목소리가 크다고 말해보세요. "내 목소리가 뭐가 커?" 라고 되물을 거예요. 사람들은 보통 자신의 목소리를 객관적으로 듣지 못해요. 목소리를 변화시키고 싶다면 반복해서 객관적으로 내 목소리를 들어봐야 해요.

　객관적으로 자신의 목소리를 정확히 체크할 수 있는 방법이 딱

하나 있어요. 바로 자신의 목소리를 녹음해서 들어보는 거예요.
이때 내 목소리가 아니라 다른 사람의 목소리라고 생각하며 들어
보세요. 그리고 목소리에 안에 발발호, 자긍따가 얼마나 들어 있는
지도 살펴보세요.

다음 예문을 소리 내 읽으면서 녹음해봅시다. 반드시 녹음해서
들어보세요.

예문 1 저는 평소 체크리스트를 활용합니다. 체크리스트를 작성하
면 중요한 일을 먼저 하고 그렇지 않은 일은 나중에 하게 돼 일의 효
율이 올라갑니다. 직장생활을 하다 보면 한꺼번에 일을 처리해야 하
는 경우가 많은데, 저는 이 체크리스트를 활용해 일의 성과를 높이
겠습니다.

예문 2 압델 파타 엘시시 이집트 대통령은 이번 공격을 감행한 세력에게 "보복하겠다."고 발표하면서 향후 시나이반도 북부에서 대대적인 군사작전을 예고했습니다.

이집트 일간 알흐람에 따르면 이집트 검찰청은 이날 오후 성명을 내고 시나이반도 북부의 모스크를 노린 무장 세력의 공격으로 숨진 이들이 적어도 235명에 달했다고 밝혔습니다. 또 이 공격에 따른 부상자도 최소 130명에 이르는 것으로 파악됐습니다. 이는 이집트에서 발생한 단일 테러 사건 중에 최악의 인명 피해로 꼽힙니다.

이날 시나이반도 북부 비르 알아베드 지역의 알라우다 모스크에서는 무슬림들의 금요 합동 예배가 진행 중일 때 큰 폭발이 일어났습니다. 알라우다는 시나이 북부 주도 엘아리시에서 서쪽으로 약 40km 떨어진 곳입니다.

(출처 : KBS 뉴스광장)

목소리가 정말 중요하다는 것을 알았어요. 목소리에 대해 자세히 알고 싶어요.

목소리가 무엇인지 자세히 알아볼까요? 목소리는 폐에서 나온 공기가 성대를 진동시키면서 나와요. 목에 손을 가져다 대면 볼록하게 나온 부분이 있어요. 이곳을 후두라고 하는데, 후두 안에 있는 것이 성대예요. 폐에서 나온 소리가 성대에서 진동한 다음 입 밖으로 나오게 되고, 상대방은 귀에 있는 고막을 통해 목소리를 듣게 되는 거죠.

남자 목소리의 기본 주파수는 100~150Hz, 여자 목소리의 기본 주파수는 이보다 높은 200~250Hz예요. 100Hz는 성대가 1초에

100번 진동한다는 뜻으로 소리가 높을수록 주파수가 높아요. 소리가 높으면 가까이 있는 사람에게는 잘 들리지만 멀리 있는 사람에게는 잘 들리지 않아요. 남자와 여자가 같은 소리를 내더라도 남자의 목소리가 더 잘 들리는 이유도 여기에 있어요.

📢 Training

목에 있는 후두를 만져봅니다. 후두를 손바닥으로 감싼 뒤 소리를 내보세요. 깊은 울림이 느껴질 겁니다. 가급적 성대가 많이 울릴 수 있도록 낮은 톤으로 말해봅니다. 다음 예문을 읽어보세요.

- 저는 이 회사에 뼈를 묻겠습니다.
- 저는 뭐든지 잘해낼 준비가 되어 있습니다. 저를 꼭 뽑아주십시오.
- 저는 꼭 이 회사에 입사하고 싶습니다. 입사해 이 분야 최고의 전문가가 되겠습니다.

면접을 보러 가면 제 진실한 마음이 목소리로 표현되지 않아 답답해요.

박카스 CF에 나오는 주인공처럼 씩씩하게 감정을 넣어 말하고 싶지만 생각처럼 되지 않아 힘드시죠? 한번 생각해보세요. 면접관들은 하루 종일, 몇 날 며칠을 면접만 보죠. 얼마나 지치겠어요. 물론 구직자들은 긴장해서 표정도 어색하고 목소리도 크게 낼 수 없다지만, 만약 이런 구직자들 사이에 박카스 CF처럼 환하게 웃고 씩씩하게 말하는 지원자가 있다면 구세주 같지 않을까요?

면접은 '연기'입니다. 물론 거짓 연기를 하라는 것은 아니에요. 진짜 마음 안에 있는 보석과도 같은 진심을 표현하세요. 마음속에 있는 열정과 진심을 그냥 마음속에만 넣어놓고 면접관에게 찾으라고 하면 안 돼요. 표현은 하면 할수록 늘어요. 부끄러워하지 말고 그냥 하세요. 부끄러워 표현하지 못하는 것이 더 부끄러운 겁니다. 자, 여러분은 얼마나 감정 표현을 잘하는지 한번 체크해볼까요?

🔊 Training

다음의 문장을 소리 내 말해봅니다. 녹음해서 들어보면 더욱 객관적으로 자신의 목소리를 체크할 수 있으니 꼭 녹음해보세요. 다음의 원고를 감정을 넣어 표현해보자고요.

＊ "초심! 지금 처음의 마음을 잊지 않겠습니다!"라고 외칠 때는 결연한 각오와 의지를 목소리에 넣어 표현합니다.
＊ 단어 하나하나에 충분한 감정을 넣어 큰 소리로 외칩니다.

사람이 어떤 일에 성공하기 위해서는 삼심(三心)이 필요하다고 합니다. 첫 번째 초심! 지금 처음의 마음을 잊지 않겠습니다! 두 번째 열심! 무슨 일이든 열심히 하겠습니다. 마지막 뒷심! 아무리 어렵고 힘든 일이라도 끝까지 최선을 다하겠습니다. 저를 꼭 뽑아주십시오!

목소리를 변화시키고 싶다면
반복해서 객관적으로 내 목소리를 들어봐야 해요.

면접 스터디를 할 때 친구들이 발음을 많이 지적해요. 어떻게 해야 할까요?

좋은 목소리의 첫 번째 조건은 바로 정확한 '발음'이에요. 발음은 소리의 음가를 말해요. 즉 음의 값을 정확히 표현해주면 발음은 또렷해질 수 있죠.

발음은 크게 모음과 자음으로 이루어져 있어요. 모음은 총 21개, 자음은 총 19개예요. 모음의 발음을 정확히 내려면 입 근육을 많이 움직여주면 돼요. 여기서 입 근육을 움직인다는 것은 기본적으로 입안을 크게 하고 소리에 따라 입꼬리를 강하게 위로 들어주거나 입술을 가운데로 모아준다는 것을 말해요. 손거울로 자신의 입

모양을 보며 연습하면 더욱 정확히 입 근육의 움직임을 볼 수 있을
거예요.

입 근육을 가장 많이 움직여야 하는 '아, 에, 이, 오, 우' 모음을
연습해봅니다.

'아'의 입 모양

'아'는 양치질할 때 입 모양을 아래위로 크게
벌려주는 것과 비슷하다. 입안을 크게 벌려주
자. 턱을 완전히 아래로 빼서 입 모양을 달걀
세워진 모양으로 만들어줘야 한다.

'에'의 입 모양

'에'는 입을 가로로 벌려주는 입 모양이다. 입
꼬리가 미소 짓듯 위로 향해야 한다. 이때 혀
가 입 밖으로 나와서는 안 된다. 혀가 입 밖으
로 나오면 혀 짧은 소리가 날 수 있다. 혀는
입을 벌린 상태에서 뜨지 않게 내려준다.

'이'의 입 모양

'이'는 입을 가로로 쭉 찢는 느낌으로, '에'보다 입꼬리에 힘이 더 가해진다.

'오'의 입 모양

'오'는 입을 모아 입술로 원을 그린다고 생각 해보자.

'우'의 입 모양

'우'는 오리 입처럼 입술을 앞으로 내밀어주 자. 이때 윗니와 아랫니는 벌어져야 한다. 그 상태에서 울림이 있는 '우' 소리를 내보자.

표현은 하면 할수록 늘어요.
부끄러워 표현하지 못하는 것이 더 부끄러운 겁니다.

모음 발음이 궁금해요. 어떻게 하면 모음을 정확히 발음할 수 있나요?

발음이 부정확하면 내용이 잘 전달되지 않아요. 면접관이 '저 사람은 도대체 무슨 말을 하는 거야?'라고 생각할 수 있죠. 발음이 부정확한 이유는 대부분 입을 잘 움직이지 않아서예요. 입을 잘 움직이지 않으면 발음 가운데 모음의 음가가 현저히 떨어질 수밖에 없어요. '아, 야, 어, 여'와 같은 모음은 입과 턱, 입술의 전체 근육을 움직이며 발음해야 하기 때문에 입을 크게 움직여주는 것이 중요하거든요.

모음은 발음을 명확하게 만들어줄 뿐만 아니라 말하는 입 모양도 예쁘게 만들어줘요. 면접에서 말 잘하는 사람들을 볼 때 '참 야무지다'라는 느낌이 들잖아요. 또 입을 크게 벌린다는 것은 입꼬리에 힘을 준다는 것이에요. 웃을 때 표정처럼 입꼬리에 힘을 주고 모음의 소리를 내보자고요.

우리말의 모음은 총 21개예요. 'ㅏ, ㅐ, ㅑ, ㅒ, ㅓ, ㅔ, ㅕ, ㅖ, ㅗ, ㅘ, ㅙ, ㅚ, ㅛ, ㅜ, ㅝ, ㅞ, ㅟ, ㅠ, ㅡ, ㅢ, ㅣ' 모음마다 각자의 자리가 있는데요. 그림으로 보면 더욱 이해가 쉬워요. 다음 페이지의 그림을 보며 입을 크게 벌려 중요 모음을 트레이닝 해봐요. 혀의 높낮이와 혀의 안과 뒤를 신경 쓰며 모음을 읽어보자고요.

다음의 모음을 소리 내 트레이닝 해봅시다. 가급적 입꼬리에 힘을 주고 턱을 아래로 내려 입 근육을 크게 스트레칭 해줍니다.

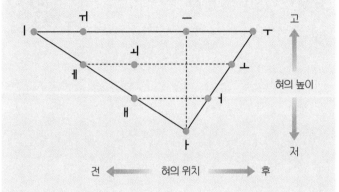

웅얼웅얼거려서 목소리가 잘 안 들린다고 하는데 어떻게 해야 하죠?

웅얼거린다는 것은 입술 주변에서만 소리가 난다는 말이에요. 우리말은 입술 주변으로만 발음해서는 안 돼요. 입안을 동굴처럼 만들어서 입안에서 나야 하는 소리도 있어요. 웅얼거림이 심한 분들은 자음 트레이닝을 해보세요. 소리가 한결 정확해지고 깨끗해질 거예요. 사실 많은 사람들이 자음을 발음하는 데 관심이 없는 경우가 많은데 자음을 잘 소리 내면 정말 아나운서 뺨치게 말을 잘할 수 있어요.

우리말의 자음은 모두 19개예요. 'ㄱ, ㄲ, ㄴ, ㄷ, ㄸ, ㄹ, ㅁ, ㅂ,

ㅃ, ㅅ, ㅆ, ㅇ, ㅈ, ㅉ, ㅊ, ㅋ, ㅌ, ㅍ, ㅎ'이죠. 그런데 자음마다 모두 자기 자리가 있는 것 아세요? 아마 생소할 거예요. 자음도 다 각자의 위치가 있어요. 대표적으로 혀가 그 위치로 돌진해 소리를 내죠. 자음은 입안을 열어서 혀가 자유롭게 움직이게 해야 정확하게 잘 발음할 수 있어요. 자, 이제 혀를 자유롭게 움직일 수 있게 혀 근육을 스트레칭 할 준비가 되셨나요?

◀◉" Training

다음의 자음을 소리 내봅시다. 아직 자음의 위치를 정확하게 배우지 않았으니 편하게 소리를 내보세요.

ㄱ, ㄲ, ㄴ, ㄷ, ㄸ, ㄹ, ㅁ, ㅂ, ㅃ,

ㅅ, ㅆ, ㅇ, ㅈ, ㅉ, ㅊ, ㅋ, ㅌ, ㅍ, ㅎ

＊ 예를 들어 'ㅏ' 모음을 붙여서 '가까나다따라마바빠사싸아자짜차카타파하' 하고
   소리 낸다.

자음이 소리 나는 위치가 따로 있다니 처음 들어봐요. 자세히 설명해주세요.

세종대왕이 한글을 만드실 때 자음은 대부분 혀의 모양을 보고 만들었어요. 입안에 혀가 'ㄱ' 자로 구부러져 있다고 생각해보세요. 자음 'ㄱ, ㄲ, ㅋ, ㅇ'은 혀의 뒷부분이 안쪽 입천장 물렁한 부분과 만나며 나오는 소리예요. 그래서 'ㄱ, ㄲ, ㅋ, ㅇ'은 입술 근처에서 소리가 나오면 안 돼요. 반드시 입안을 열어서 입안 동굴 끝에서 소리가 진하게 나와야 하죠. 이를 어려운 말로 연구개음이라고 하는데 외울 필요는 없어요. 그냥 입안에 혀로 'ㄱ' 자를 그려본다고 생각하면 돼요.

다음의 자음을 소리 내봅시다. 아직 자음의 위치를 정확하게 배우지 않았으니 편하게 소리를 내보세요.

① 자음 'ㄱ, ㄲ, ㅋ, ㅇ'에 모음 'ㅏ'를 결합해 발음한다.

② 다음 예문을 발음해보자.

감기, 깜깜하다, 카드, 아이, 강점, 가정용, 깨달았던, 날카로움,

결합한, 이상

입안 가운데에서 소리가 나야 하는 자음이 있나요?

그럼요. 이것을 경구개음이라고 하는데요. 자음은 입안에 있는 혀의 모습을 본떠 만든 것이라고 했죠? 'ㅈ, ㅉ, ㅊ'은 딱 봐도 혀가 입안 중간 천장 근처에 있을 것처럼 보이지 않나요? 'ㅈ'을 보면 모양의 무게중심이 가운데 있을 것 같은 느낌이 들잖아요. 'ㅈ, ㅉ, ㅊ'은 혀의 중간이 입천장 중간과 만나며 나오는 소리예요. 이것을 우리는 경구개음이라고 하는데요. 그냥 입안 중간에서 나오는 소리라고 생각하면 돼요.

입안 중간에서 소리가 나는 자음 트레이닝을 해보세요.

① 자음 'ㅈ, ㅉ, ㅊ'에 모음 'ㅏ'를 결합해 발음한다.

② 다음 예문을 발음해보자.

자판기, 짜장면, 주차, 직무, 면접관, 지원, 주축, 최적화된, 출연

발음이 부정확한 이유는 입을 잘 움직이지 않아서예요.
발음할 때 입을 크게 움직여주는 것이 중요해요.

윗니 안쪽에서
소리가 나는
자음도 있나요?

   사실 지금까지 말씀드린 자음 가운데 가장 소리 내기 편한 소리
가 윗니소리인데요(전문용어로 치조음이라고 해요). 많은 분들이 소
리를 낼 때 윗니 안쪽을 의지하지 않는 경우가 많더라고요. 기대면
쉬워집니다. 윗니 안쪽에 의지해서 소리를 내보세요. 훨씬 더 정
확한 음가를 얻을 수 있어요.

   윗니 안쪽에서 소리가 나는 자음은 'ㅅ, ㅆ, ㄴ, ㄷ, ㄸ, ㅌ'이에요.
혀가 앞니 안쪽을 건드리면서 나는 소리로 'ㅅ'은 혀 앞 날렵한 부
분이 윗니 안쪽에 닿은 상태에서 아래로 떨어지는 음이고, 'ㄴ, ㄷ,

ㄸ, ㅌ'은 혀의 넓은 부분이 윗니 안쪽 넓은 부분에 닿은 상태에서 시작돼 아래로 떨어지는 음이에요.

어렵다고요? 그럼 그냥 혀를 윗니 안쪽에 갖다 대세요. 그런 다음 'ㅅ, ㅆ, ㄴ, ㄷ, ㄸ, ㅌ' 발음을 해보세요. 출발할 때는 윗니 안쪽에 있던 혀가 발음하면서 아래로 내려올 거예요. 충분히 아래로 내려올 수 있도록 턱을 벌려주시고요.

Training

윗니 안쪽에서 소리가 나는 자음 트레이닝을 해보세요.

① 자음 'ㅅ, ㅆ, ㄴ, ㄷ, ㄸ, ㅌ'에 모음 'ㅏ'를 결합해 발음한다.

② 다음 예문을 발음해보자.

사랑, 싸우다, 나라, 다리미, 따뜻하다, 타인, 특별한, 투자유치, 톡톡 튀는, 대학생활

입술과 목젖에서 소리가 나는 자음도 알고 싶어요.

　자음은 입안에서 주로 소리가 나지만 입술과 목젖에서 나는 소리도 있어요.

　입술소리는 'ㅁ, ㅂ, ㅃ, ㅍ'인데요. 입술이 서로 붙었다 떨어지는 자음을 말해요. 한번 소리 내보세요. 입술이 만나면서 쉽게 소리가 나올 거예요. 다음은 목젖소리인데요. 성대의 울림을 이용해 소리가 나는 거예요. 바로 'ㅎ'인데요. 사실 가장 중저음의, 울림 있는 멋진 자음이에요. 목젖을 울려 멋지게 소리를 내보세요.

입술소리와 목젖소리인 자음 트레이닝을 해봅시다.

• 입술소리

① 자음 'ㅁ, ㅂ, ㅃ, ㅍ'에 모음 'ㅏ'를 결합해 발음한다.

② 다음 예문을 발음해보자.

마음, 바다, 예쁨, 파도, 절감, 목표, 방식, 기발한

• 목젖소리

① 자음 'ㅎ'에 모음 'ㅏ'를 결합해 발음한다.

② 다음 예문을 발음해보자.

호흡, 하다, 항목, 생활, 회사, 협업, 조형, 공학, 합격, 평준화

사이시옷 발음이 안 돼요.
이런 발음으로는
아무도 설득할 수
없을 것 같아요.

시옷(ㅅ) 발음이 안 되면 혀 짧은 소리를 내는 것처럼 들려요. 연예인들 가운데 노홍철이나 권상우, 이선균이 시옷 발음이 잘 되지 않는데요. 혀에 그 문제 원인이 있어요. 혀가 위쪽으로 올라가 영어 발음 [th]처럼 발음하면 시옷 발음이 새는 것처럼 들리죠.

그럼 어떻게 해야 할까요? 'ㅅ'은 혀가 윗니 안쪽에 닿아야 하는 윗니소리, 즉 치조음이에요. 일단 혀 앞부분을 윗니 안쪽에 대보세요. 윗니 안쪽까지 혀를 들어 올려줘야 해요. 윗니 안쪽을 의지한 다음 아래로 내려오면서 'ㅅ' 발음을 해보세요. 만약 혀가 잘 올라가지 않으면 입천장 딱딱한 부분까지 혀를 끌어올린 다음 윗니를 거쳐 아래로 혀가 내려오도록 해보세요. 'ㅅ' 발음이 잘 되지 않는 사람들은 혀가 둔탁하게 굳어 있는 경우가 많아요. 혀를 들어 올려 윗니 안쪽보다 더 안쪽, 그러니까 입천장 딱딱한 곳까지 혀를 올려 본 다음 'ㅅ' 발음을 해보세요.

📢 Training

시옷(ㅅ) 발음을 연습해봅시다.

① 자음 'ㅅ'에 모음 'ㅏ'를 결합해 발음한다.
② 다음 예문을 발음해보자.

　사과, 선생님, 실장님, 사장님

내가 말하고자 하는 핵심 메시지에 강약의 운율을 넣으면
전체적으로 메시지의 전달력이 좋아져요.

저는 '' 발음이 잘 되지 않아요.

　"외국에서 유학했냐?", "외국에서 살다 왔냐?"라는 오해를 종종 받는 분들이 있어요. 영어도 잘 못하는데 말이죠. 바로 '' 발음이 잘 되지 않는 분들인데요. ''은 영어 R처럼 발음할 때가 있고 L처럼 발음할 때가 있어요. 이게 서로 구분이 안 되고 R처럼 발음해야 할 때 L처럼 발음하면 뭔가 유학파처럼 느껴질 수 있죠.

　대부분 단어의 초성에 ''이 오면 영어 R처럼 발음해요. 단어의 종성에 ''이 오면 영어 L처럼 발음하죠. '라, 로, 리'는 단어의 초성에 ''이 왔으므로 영어 R처럼 발음해줘요. 하지만 '달, 말, 발'은 단어의 종성에 'ㄹ'이 왔으므로 영어 L처럼 발음해주면 되고요. 물론 영어 R과 L처럼 발음하라고 해서 완전 혀를 굴려서 발음하면 어색해요. 우리말의 'ㄹ' 발음이라는 사실은 잊지 말아야 해요. 'ㄹ' 발음은 엄연히 말하자면 영어 L과 R 발음과는 차이가 있어요. 하지만 너무 영어처럼 혀를 구부려 말하지만 않는다면, 우리말의 'ㄹ' 발음과 비슷하게 음가가 나온답니다.

🔊 Training

'ㄹ' 발음에 유의하며 단어를 읽어봅시다.

R	가로수, 가로, 가루, 나라, 나란 사람은…	
L	말, 발, 가을, 술, 술상	
예외	알락달락→[알낙달낙]	빨래→[빨내]
	덜렁이→[덜넝이]	홀로→[홀노]
	실룩실룩→[실눅실눅]	생산량→[생산냥]
	결단력→[결딴녁]	

자음 총정리표

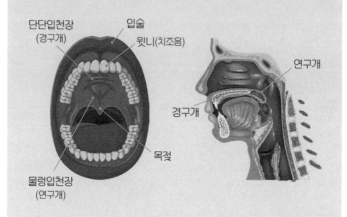

자음(총 19개)

입술소리	ㅁ, ㅂ, ㅃ, ㅍ
치조음	ㄷ, ㄸ, ㅌ, ㄴ, ㄹ, ㅅ, ㅆ
경구개음	ㅈ, ㅉ, ㅊ
연구개음	ㄱ, ㅋ, ㄲ, ㅇ
목젖소리	ㅎ

'가'부터 '하'까지 정확히 발음해보고 싶어요.

지금까지 모음과 자음 훈련을 해봤는데요. 정확히 소리가 안 나더라도 이렇게 입 근육과 혀 근육을 스트레칭 해준 것만으로도 발음은 한결 또렷해져 있을 거예요. 자, 이제는 '가'부터 '하'까지 발음의 변화에 따라 입과 혀 근육이 어떻게 변화하는지 트레이닝 해볼게요. 가급적 거울을 앞에 두고 입과 혀의 모양이 어떻게 바뀌는지 관찰하고 기억하는 게 좋아요.

'가나다라마바사 아자차카타파하'를 소리 내봅니다. 자음에 따라
혀의 위치가 바뀌는 것을 의식하면서 읽어봅니다.

가   입안소리

나   윗니소리

다   윗니소리

라   입 전체 혀를 구부려

마   입술소리

바   입술소리

사   윗니소리

아   입안소리

자   입 중간 소리

차   입 중간 소리

카   입안소리

타   윗니소리

파   입술소리

하   목젖소리

이제는 자신이 알고 있는 것을

어떻게 표현하느냐도 중요한 세상입니다.

특정 발음을 할 때 말을 더듬어요. 어떻게 해야 할까요?

　말을 더듬는 이유는 생각보다 말이 빨리 나와서 일 때가 많아요. 생각을 하고 말을 해야 하는데 말이 바로 나오는 거죠. 이렇게 성격이 급해서 말을 더듬는 경우가 있고, 유전적으로 말을 더듬는 경우도 있어요. 하지만 말을 더듬는 가장 큰 이유는 바로 '호흡', 즉 말의 체력이 부족해서예요. 특히 호흡이 많이 빠져나가는 음들이 첫 음에 들어 있는 경우 숨이 자연스럽게 열리지 않고 딱 막히죠. 아무래도 한꺼번에 숨이 토해져 나와야 하니 소리가 잘 나오지 않는 거예요. 더욱이 'ㅊ, ㅋ, ㅌ, ㅍ' 발음은 다른 발음보다 숨이 밖으로 많이 토해져 나와야 하기 때문에 더욱 소리가 잘 나오지 않는 경우가 많아요. 그러다 보니 자신감 없게 말하는 사람은 대부분 'ㅊ, ㅋ, ㅌ, ㅍ'가 끼어 있는 발음을 잘하지 못해요.

"차, 카, 트, 프" 하고 발음해보세요. 숨이 많이 빠져나가죠? 이 발음을 집중 트레이닝 하면 한결 부드럽게 소리가 나올 거예요.

🔊 Training

'ㅊ, ㅋ, ㅌ, ㅍ' 소리를 훈련해봅시다. 아래 글자들을 최소 3회 이상 반복해 읽어보세요.

차 챠 처 쳐 초 쵸 추 츄 츠 치

카 캬 커 켜 코 쿄 쿠 큐 크 키

타 탸 터 텨 토 툐 투 튜 트 티

파 퍄 퍼 펴 포 표 푸 퓨 프 피

목소리가 작아
자꾸 안으로 기어들어가요.
면접관이
자신감 없어 보인대요.

크고 또렷한 목소리를 얻고 싶으면 발성 연습을 하면 돼요. 발성은 소리의 크기를 말해요. 좋은 발성을 우리는 '공명'이라고 말하죠. 공명의 울림소리를 만들기 위해서는 기본적으로 입안을 크게 해줘야 해요. 입안을 크게 해주려면 무엇보다 턱을 아래로 내려 공간을 확보한 다음, 혀가 중간에 뜨지 않고 아래에 머무르며 말을 해야 해요. 그래야 혀 윗 공간에 울림존(zone)이 만들어져 더 좋은 소리가 나갈 수 있어요.

발성을 좋게 하기 위한 방법으로 복식호흡을 먼저 떠올리는 사람들이 있는데, 그보다 입안의 공간을 넓게 만드는 것이 더 중요해요. 입안에 공간을 만들려면 일단 턱을 아래로 내리고, 그 내려간 공간에 혀가 머무를 수 있도록 해줘야 해요.

📣 Training

입안의 아치를 넓히는 훈련을 해봅니다. 아래 예문을 따라 해주세요. 이때 입안의 아치가 반드시 보여야 하며, 아치를 큰 동굴 입구처럼 크게 만들어줍니다.

'아~ 아~~' 하고 소리를 내주면서 조금씩 입 모양을 크게 벌려보자.

'음~ 아~~' 하고 소리를 내주면서 조금씩 입 모양을 크게 벌려보자.

'이~ 아~~' 하고 소리를 내주면서 조금씩 입 모양을 크게 벌려보자.

'에~ 아~~' 하고 소리를 내주면서 조금씩 입 모양을 크게 벌려보자.

'와~ 아~~' 하고 소리를 내주면서 조금씩 입 모양을 크게 벌려보자.

'워~ 아~~' 하고 소리를 내주면서 조금씩 입 모양을 크게 벌려보자.

'외~ 아~~' 하고 소리를 내주면서 조금씩 입 모양을 크게 벌려보자.

'위~ 아~~' 하고 소리를 내주면서 조금씩 입 모양을 크게 벌려보자.

똑같은 말을 하더라도

목소리가 좋은 사람이 전달하면 더욱 신뢰감이 생겨요.

좋은 목소리를 내려면 복식호흡을 해야 한다고 하잖아요. 호흡법을 알고 싶어요.

　좋은 목소리를 얻기 위해서는 입안 아치를 높이는 것도 중요하지만 복식호흡도 아주아주 중요해요. 사실 복식호흡은 정말 쉬워요. 우리는 원래 복식호흡을 하기 때문이죠. 평소 마음이 편할 때 흉식호흡을 하는 사람들은 거의 없어요. 본능적으로 할 수 있는 복식호흡을 우리는 왜 훈련을 통해 다시 배워야 하는 걸까요? 의식하면 잘 안 되기 때문이에요. 집에서 평소처럼 밥을 먹을 때는 자연스럽게 먹을 거예요. 하지만 만약 나를 찍는 카메라가 앞에 있다면 자연스럽게 밥을 먹지 못하겠죠. 복식호흡도 마찬가지예요. 그냥 편하게 있으면 잘 되다가도 뭔가 복식호흡으로 말하려고 하면 의식하게 돼서 더 안 되는 거죠.

복식호흡은 폐에 숨을 가득 채우는 거예요. 폐에 숨을 채우면 폐는 아래로 늘어나게 되죠. 그래서 마치 윗배(마지막 갈비뼈에서 배꼽 사이)가 볼록해 보여요. 숨을 윗배에 채우고 말을 하면 숨이 빠져나가면서 윗배가 줄어들어요. 이게 바로 복식호흡으로 말하는 거예요.

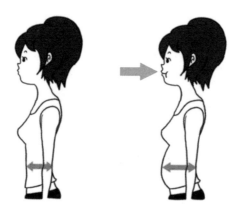

복식호흡 트레이닝을 합니다. 복식호흡으로 소리 내기 훈련입니다. 배까지 숨을 깊게 들이마신 다음 소리를 내보세요.

10초 동안 유지   아~

음~

와~

오~

우~

목소리가 많이 떨려요.
긴장이라도 하면
더 떨려서 제 불안이
그대로 면접관에게 전해져요.

음성이 떨린다는 것은 그만큼 소리를 내는 힘이 떨어진다는 거예요. 소리의 엔진 동력이 부족한 거죠. 일단 소리를 안정감 있게 내려면 기본적으로 복식호흡을 해야 해요. 복식호흡으로 말해야 더 풍부한 발성을 얻을 수 있어요. 이때 배에 담긴 숨을 얼마나 많이 빼느냐 적게 빼느냐에 따라 소리가 조절되기 때문에 성압을 조절해주는 배 근육도 상당히 중요해요. 자동차의 엔진도 중요하지만 어느 방향으로 갈지 정해주는 핸들과 어떤 속도로 갈지 정해주는 액셀의 역할이 중요한 것처럼요. 핸들과 액셀의 역할을 하는 것이 바로 배 근육이에요.

하지만 사람들은 평소 배 근육이 아니라 목 근육만 활용하며 말해왔기 때문에 배 근육이 덜 발달되어 있어요. 배 근육 스트레칭을 통해 배가 소리를 밀어내주는 힘을 키워보자고요. 숨을 가득 채운 채 배를 수축하면서 그 성압으로 소리 내는 것을 배짜기 훈련이라고 하는데요. 배짜기 트레이닝을 하다 보면 배로 소리의 성압을 상승시켜 훨씬 더 큰 목소리가 나와요. 한번 훈련해볼까요? 숨을 복식호흡 존(마지막 갈비뼈부터 배꼽)에 채워보세요. 배 근육이 등가죽과 붙는다는 생각이 들 정도로 '아~' 하고 확 눌러보세요. 이때 배 근육이 제대로 수축되면 양쪽 골반뼈 윗부분의 근육이 딱딱해짐을 느낄 수 있어요.

배짜기를 트레이닝 해봅시다.

• 20초 배짜기 연습법

① '아~' 하고 20초 동안 계속 소리를 내주자. 이때 소리가 나가면서 배가 수축하는 것을 느껴보자.

② '안녕하세요, 안녕하세요, 안녕하세요'를 반복하면서 20초 동안 소리를 내주자.

• 스타카토 배짜기 연습법

① '아! 아! 아!' 스타카토로 세 음절의 소리를 내주자. 이때 숨을 들이마시고 '아!' 해주고 다시 숨을 들이마시고 '아!' 해주고 다시 숨을 들이마시고 '아!' 하고 뱉어주자.

• 단어 전체 배짜기 연습법

① '안녕하세요'를 숨을 들이마신 다음 배를 짜면서 말해보자.

② '반갑습니다'를 숨을 들이마신 다음 배를 짜면서 말해보자.

③ '사랑합니다'를 숨을 들이마신 다음 배를 짜면서 말해보자.

저에게 맞는
목소리 톤을
찾고 싶어요.

내 몸의 공명점을 찾으면 면접을 볼 때 한결 자신감 있고 당당한 목소리를 낼 수 있어요. 공명점에서 나오는 소리를 키톤(key tone)이라고 하는데요. 사람들은 각자의 몸에 맞는 톤을 가지고 있어요. 마치 피아노의 음계 '도레미파솔라시도'처럼 각자의 몸에 맞는 톤을 갖고 있는 거예요. 이 키톤을 찾으면 내 몸을 진하게 울리며 소리를 낼 수 있어 면접을 볼 때 더욱 당당해 보여요. 또 고음이나 저음도 무리 없이 낼 수 있고, 자기 스스로 울림을 만들어내기 때문에 성대의 피로도도 낮추면서 정확한 소리를 얻을 수 있어요.

키톤은 내 몸의 공명점을 찾아 자극하면 쉽게 찾을 수 있어요. 맨 마지막 갈비뼈 가운데 Y존으로 갈라지는 부분이 바로 나의 공명점, C-SPOT입니다.

갈비뼈

C-SPOT(공명점)

자신의 목소리 키톤, 공명점을 찾아봅시다.

① 먼저 복식호흡 존(zone)에 숨을 채운 다음 갈비뼈가 갈라지는 명
   치에 손가락을 갖다 댄다.
② 명치가 바로 Y존이자 공명점이고, 여기서 나오는 소리가 바로 키
   톤이다.
③ 공명점을 손가락으로 누르며 '음~'이라고 소리 내보자.

'안녕하세요~'라고 소리 내보자.

'반갑습니다~'라고 소리 내보자.

'고맙습니다~'라고 소리 내보자.

말을 크고 길게 하기 어려워요.
긴 시간 보는 면접에서
체력이 금방
고갈되는 것을 느껴요.

말의 체력, 즉 호흡이 짧은 거예요. 저는 호흡이 짧은 분들에게 '시계초침 연습법'을 추천해요. 호흡훈련의 가장 중요한 포인트는 바로 '호흡이 바닥일 때도 소리를 낼 수 있는가'예요. 숨이 별로 남아 있지 않은 상태에서도 소리를 낼 수 있어야 퍼블릭(public) 스피치 등 호흡이 많이 빠져 나가는 스피치에서 좋은 목소리를 낼 수 있어요.

호흡훈련의 기본은 배 깊숙이 숨을 가득 담고 숨을 오랫동안 뱉으면서 말할 수 있느냐가 관건이에요. 시계초침 호흡법은 초침이 적당한 기준이 되어주기 때문에 더욱 오랫동안 소리를 내뱉게 해줘요.

다음의 시계초침 연습법을 해봅니다.

① 시계의 초침을 바라본다.

② 배까지 숨을 깊게 들이마신 다음 '아~' 하고 20초 동안 소리 내어 준다.

③ 다시 한 번 깊게 숨을 들이마시고 '안녕하세요, 안녕하세요, 안녕하세요'를 반복하며 25초 동안 소리 내어준다.

④ 다시 한 번 깊게 숨을 들이마시고 '아~' 하고 30초 동안 소리 내어 준다.

⑤ 다시 한 번 깊게 숨을 들이마시고 '아~' 하고 40초 동안 소리 내어 준다.

＊ 처음 연습할 때 호흡이 짧은 사람은 숨을 들이마신 다음 '아~'를 5초도 지속하지 못하는 경우도 있다. 기본적으로 30초는 뱉을 수 있는 체력이 있어야만 공식 석상에서 자신감 있게 좋은 목소리를 낼 수 있다. 30초 이상 소리 낼 수 있도록 꾸준히 노력하자.

면접은 새로운 내용을 말하는 것보다
기존의 것을 새롭게 각색해 표현하는 것이 중요해요.

말이 빨라서
말할 때 숨이 차요.
면접관이 쉬었다
말하라고 할 정도예요.

　말을 할 때 배 근육을 누르지 않고 그냥 목으로만 말을 하면 말이 빨라져요. 아래부터 숨을 끌어올리며 말하는 습관을 기르면 훨씬 더 안정감 있는 속도로 말을 할 수 있죠. 종종걸음 걷듯이 소리를 내는 게 아니라 큰 '갈 지(之)' 자처럼 보폭을 넓히듯 소리 내는 게 중요해요.

　말의 속도가 빠른 분들은 '채누보 연습법'을 강력 추천해요. '채우고, 누르고, 보낸다'의 약자인데요. 일단 말을 할 때는 윗배 부분까지 숨을 가득 채운 다음, 배 근육을 눌러 성압으로 소리를 내어,

그 소리를 멀리 보내는 거죠. 그냥 입으로만 말하는 것이 아니라 상체를 이용해 공명통을 만들어내면 훨씬 더 느긋한 소리가 나오게 돼요.

◆ **채누보 연습법**

Step 1. 채운다

숨을 마지막 갈비뼈부터 배꼽 5cm 아래에 채운다.

Step 2. 누른다

목을 누르는 것이 아니라 배를 누르면서 조금씩 숨을 입으로 끌어올려 뺀다.

Step 3. 보낸다

그 소리를 멀리 보낸다. 그럼 복식호흡으로 말하기가 된다.

다음의 채누보 연습법을 해봅니다.

① 심장 집중 호흡을 5회 이상 실시한다.

② 숨을 배까지 깊숙이 채우고 그 숨을 위로 끌어올리며 10초 동안

　'아~' 하고 소리를 내주자.

　'오~' 하고 소리를 내주자.

　'우~' 하고 소리를 내주자.

　'이~' 하고 소리를 내주자.

③ 숨을 배까지 깊숙이 채우고 배 근육으로 배를 누르며 짧고 강하게

　'아!' 하고 스타카토로 소리를 내주자.

　'오!' 하고 스타카토로 소리를 내주자.

　'우!' 하고 스타카토로 소리를 내주자.

　'이!' 하고 스타카토로 소리를 내주자.

④ 숨을 배까지 깊숙이 채우고 배 근육으로 배를 누르며

　'안녕[안녀엉]~' 하고 소리를 위로 끌어올리자.

　'안녕하세요~' 하고 소리를 위로 끌어올리자.

숨이 별로 남아 있지 않은 상태에서도 소리를 낼 수 있어야
퍼블릭 스피치에서 좋은 목소리를 낼 수 있어요.

빠른 시간 안에
효과를 볼 수 있는
목소리를 좋게 만드는
트레이닝 방법은 없나요?

이 방법을 바로 알려드리면 너무 아까운, 그런데 정말 효과적인 방법이 있어요. 바로 '젓가락 연습법'이에요. 일단 젓가락을 가로로 입에 끼면 평상시 말을 할 때보다 입안의 공간이 넓어져요. 젓가락 아래로 혀가 내려가기 때문에 혀뿌리가 뜨는 것을 미연에 방지할 수 있고요. 또한 입이 열리면서 목젖을 통과한 소리가 바로 입으로 나오기 때문에 더 좋은 소리를 얻을 수 있죠. 그리고 복근에 힘이 없는 경우 말을 할 때 사람들은 입에 무리하게 힘을 주는 경향이 있는데 젓가락을 끼면 자연스레 발음을 하면서 입에 힘은

줄 수 없어요. 그래서 자연스럽게 무게중심이 복근으로 내려가게 돼 더욱 좋은 소리가 나죠.

젓가락을 끼고 연습할 때 꼭 기억해야 하는 것이 있어요. 이건 정말 중요해요. 발음에 신경 쓰지 마세요. 그냥 입안을 쫙 펴서 넓게 해 소리를 확장한 다음 멀리 30m까지 소리를 보낸다는 생각으로 소리를 내야 해요. 이게 핵심이에요.

입을 크게 벌려
젓가락을 송곳니에 껴주세요.

젓가락을 끼고 연습을 해봅니다. 다음 사항에 유의하면서 예문을 읽어보세요.

* 단지 목으로 소리를 내는 것이 아니라 복식호흡 존에 숨을 채운 다음 소리를 멀리 보낸다는 생각으로 뱉어보자.
* 입 모양에 힘을 줘서는 안 된다. 자연스럽게 동글게 이야기한다는 느낌으로 발음해주자.
* 발음에 따라 젓가락 위로 혀가 올라갈 수 있으나 혀는 전체적으로 바닥에 깔린다는 느낌이어야 한다. 혀가 자꾸 젓가락 위로 올라가는 경우는 말의 톤이 너무 높아서다. 낮은 톤으로 발음하기 위해 노력해보자.

제 성격의 단점은 너무 미리 준비한다는 것입니다. 어떤 일을 하든지 미리 예측하고 준비해야 안심을 하는 성격이라 팀 프로젝트를 할 때 너무 미리 앞당겨 일을 하다 보니 팀원들과 약간의 갈등이 생겼습니다.

하지만 제 가이드라인에 팀원들을 맞추기보다는 중요한 일과 그렇지 않은 일을 분리한 다음, 중요한 일을 먼저 하고 중요하지 않은 일은 나중에 할 수 있도록 일을 분배한 결과 프로젝트를 잘 마무리할 수 있었습니다.

제가 말하면 아기가 말하는 것처럼 들린대요. 어린아이처럼 말하는 습관을 고칠 수 있을까요?

　보통 여성 지원자들에게 아기같이 말하는 습관이 있어요. 친절해 보이기 위해 도레미파솔 가운데 솔 톤으로 가성을 내는 경우가 많은데, 이 때문에 개성도 없어지고 자연스럽지도 않아요. 이럴 때는 '무관심톤'으로 말하는 것이 가장 좋아요. 소리의 색을 완전히 빼는 거죠. 머리를 염색하기 전 탈색을 해서 색을 빼놓으면 훨씬 염색이 잘 되는 것처럼 말이에요. 소리에 어떤 색도 넣지 않는 거예요. 그리고 '나는 남자다!'라는 생각도 도움이 돼요. 저는 예전에 방송을 할 때 너무 예쁘게 말하는 버릇이 많았는데, 아나운서 선배에게 "네가 남자라고 생각해."라고 조언을 받았어요. 자, 이제 무관심톤으로 뉴스 원고를 읽어볼까요? 무관심톤으로 말한다는 것은 낮은 톤으로 두껍게 강약을 넣지 않고 가급적 소리가 튀지 않게 읽는다는 거예요. 말하는 중간에 단어들이 튀어나오면 안 돼요.

🔊 Training

무관심톤으로 다음의 뉴스 원고를 읽어보자.

대학이 산업계의 수요에 따라 특허·기술을 개발해 기업으로 이전하는 활동이 활발해질 것으로 보인다. 교육부와 한국연구재단은 융·복합 기술 사업화를 촉진하고자 '대학 창의적 자산 실용화 지원(BRIDGE+) 사업'을 이런 방향으로 개편하고 올해부터 5년간 추진한다고 7일 밝혔다.

브릿지 사업은 대학이 개발한 특허·기술 가운데 사업화할 경우 성공 가능성이 큰 것을 기업체에 이전하도록 지원하는 사업이다.

올해는 18곳 안팎의 학교를 선정해 평균 7억 원(총 125억 원)을 지원한다.

(출처 : 연합뉴스)

말에 감정이 잘 들어가지 않아요. 제 마음을 표현하고 싶은데 목소리에 감정이 안 실려요.

목소리 안에 감정이 실리지 않는 사람이 많아요. 말을 할 때 감정이 실리지 않는다는 것은 그만큼 내가 너무 피곤하고 여유가 없다는 거예요. 즉 스트레스를 받고 있다는 거죠. 내 안의 여유가 없으면 그 어떤 긍정의 표현도 나오지 못해요. 주위를 둘러보면 역경을 이겨내는 힘인 '회복 탄력성'이 아주 좋은 사람들이 있어요. 반대로 작은 자극에도 크게 넘어져 못 일어나는 사람들이 있죠. 삶을 너무 복잡하게 생각하면 우울함이 많아지고 자신감이 없어져요. 면접도 너무 복잡하게 생각하지 마세요. 단순하게 생각해보세요.

그냥 '멘트 준비한다. 목소리 트레이닝 한다. 리허설 몇 번 한다.'
이렇게 단순해지면 훨씬 삶이 더 편해지는 것 같아요.

면접에서 감정 표현을 잘하려면 일단 내 감정의 상태를 긍정적
으로 만들어놔야 해요. 면접에서 "살면서 어려웠지만 극복했던 일
에 대해 말해보세요."라고 질문할 때가 있죠? 이때 힘들었다고 해
서 부정적으로 힘들게만 목소리를 내서는 안 돼요. '해학 보이스'가
중요해요. 힘들었던 이야기를 하고 있지만 웃으면서 말하는 거죠.
그렇게 말해야 면접관이 부담을 느끼지 않아요. 다음의 '목소리 사
명서'를 크게 외쳐보면서 마음속에 자신감을 충전해보자고요.

다음의 '목소리 사명서'를 크게 외쳐봅니다. 가급적 단어가 갖고
있는 감정을 진하게 표현해보세요.

1. 나는 발음과 발성, 호흡 훈련을 통해 좋은 목소리를 반드시 만들
   겠다.

2. 나는 긍정성과 자신감, 슬픔에 대한 공감이 들어 있는 목소리를
   반드시 만들겠다.

3. 나는 다른 사람의 마음을 울리기 전에 내 마음부터 울리겠다.

4. 나는 진심이 담기지 않은, 영혼이 없는 목소리는 내지 않겠다.

5. 나는 내 목소리가 다른 사람의 귀에 어떻게 들리는지 항상 살피
   겠다.

6. 나는 상대방의 목소리에 호흡을 맞추겠다.

7. 나는 목소리 안에 공명을 키워 안정감과 생동감을 동시에 갖겠다.

8. 나는 내 목소리 안을 부정과 짜증, 후회와 화로 채우지 않겠다.

9. 나는 내 목소리에 항상 열정과 애정이 넘치도록 담겠다.

10. 나는 내 목소리를 사랑한다. 아자, 아자, 파이팅!

아나운서의
신뢰감 있는 어조를
배우고 싶어요.

아나운서 말하는 것을 들어보면 말투, 즉 어조에서 참 신뢰감이 느껴지죠. 아나운서들은 말을 할 때 2가지를 기억해요. 바로 '쪼개기'와 '육하원칙 강조'예요.

쪼개기는 말할 때 최소한의 의미로 단어를 쪼갠다는 의미예요. 예를 들어 "저의 별명은 카메라입니다. 한 번 본 사람은 절대 잊지 않기 때문입니다."라는 멘트를 면접 때 한다고 해봅시다. "저의/ 별명은/ 카메라입니다./ 한 번/ 본/ 사람은/ 절대/ 잊지/ 않기/ 때문입니다." 이렇게 쪼개서 읽어요. 왜냐하면 '한 번'과 '본'이라는 단어의 뜻은 서로 다르기 때문에 쪼개서 읽으면서 '다르다'라는 느낌을 주는 거죠. 그렇다고 부자연스럽게 모두 끊어 읽어서는 안 되지만 첫 글자(음절)에 악센트를 주면서 강조해 읽어주면 훨씬 단어가 잘 들려요. 아나운서들은 이걸 알기 때문에 일단 단어를 쪼개는 거죠.

그리고 다음으로 육하원칙에 들어가는 말은 더욱 강조를 해요. '누가, 언제, 어디서, 무엇을, 왜, 어떻게'를 확실히 전달하는 거죠. 그럼 해당되는 단어들에는 힘이 들어가기 때문에 훨씬 더 잘 들리게 됩니다. 이 2가지만 기억해도 아나운서의 신뢰감 있는 어조가 완성돼요. 한번 해보세요.

다음의 뉴스 원고를 읽고 트레이닝 해봅시다. 육하원칙에 해당하는 밑줄 친 단어를 강조해 읽어보세요.

최근 세탁기·철강 부문에서 시작된 미국의 무역 규제가 반도체, 자동차 부품 등까지 확대될 경우 5년간 수출 손실 규모가 최대 13조 원에 이를 수 있다는 분석이 나왔습니다. 이에 따르면 미국의 품목별 관세율 인상 폭과 세이프가드 발동 방식에 따라 한국 철강, 세탁기, 태양광전지, 반도체, 자동차 부품 수출액은 향후 5년간 68억 600만 ~121억 6천 800만 달러로 줄어들 것으로 예상됩니다.

(출처 : 연합뉴스)

삶을 너무 복잡하게 생각하면 우울함이 많아지고 자신감이 없어져요.

면접도 너무 복잡하게 생각하지 마세요.

말에
강약이 없어요.
그래서 지루하대요.

　말을 단조롭게 하는 사람들을 보면 입과 혀, 목도 움직이지 않는 경우가 많아요. 프라서디(prosody)는 기본적으로 '운율'이라는 뜻으로, 문장을 말할 때 강약을 넣어 자신이 강조하는 메시지를 명확히 드러내는 것을 말해요. 어디에 강한 프라서디를 넣어주느냐에 따라 메시지가 달라지죠.

　목소리가 작은 사람들 또는 목소리가 단조로운 사람들은 프라서디 없이 말하는 경우가 대부분이에요. 내가 말하고자 하는 핵심 메시지에 강약의 프라서디를 자연스럽게 넣으면 전체적으로 메시지의 전달력이 좋아지죠.

목소리 안에 강약을 만든다는 것은 숨을 배까지 채운 다음, 그 숨을 배 근육으로 조절해 숨을 많이 빼고 적게 빼는 과정을 말해요. 문장 안에 어떤 내용을 강조할 것인지 정한 다음, 그 단어를 말할 때 배 근육을 강하게 눌러 호흡을 빼주세요. 하지만 문장에서 약하게 발음해야 하는 단어에는 숨을 많이 빼지 말아야 해요. 이렇게 경제적으로 소리를 내야 내가 갖고 있는 호흡으로 충분히 긴 문장을 안정감 있게 말할 수 있어요.

아래 예문에서 밑줄 친 단어를 읽을 때 배 근육을 수축시켜 강하게 소리를 내줍니다. 육하원칙에 들어가는 내용을 강조합니다.

저는 스무디킹이라는 음료회사에서 아르바이트를 한 적이 있습니다. 헬스센터 근처였기 때문에 운동 전이나 후에 음료를 사서 가지고 가는 분들이 많았습니다. 저는 "운동하고 오셨죠? 과당은 반으로 줄여드릴까요? 다이어트 파우더도 있는데 운동 전후에 아주 좋은데 어떠세요?"라고 말씀드렸습니다.

또한 근육을 단련시킬 수 있는 단백질 프로틴 파우더를 설명해드렸고, 파우더 추가가 되는 선불카드를 추천해드린 결과 매출 신장을 이뤄낼 수 있었습니다. 그리고 석 달 연속 베스트 서버로 뽑히는 기쁨도 얻었습니다.

저는 보이지 않는 것이 보이는 것을 결정한다고 생각합니다. 항상 답은 고객의 행동에 있었습니다. 잘 보이지 않는 고객의 틈새 행동까지 파악해 영업을 하는 것이 중요하다고 생각합니다.

말투가 퉁명스럽다는 말을 자주 들어요. 무뚝뚝하고 불만이 많은 것처럼 들린대요.

누군가의 목소리를 들었을 때 말투가 좀 성의 없고 무뚝뚝하게 느껴지는 경우가 종종 있죠. 면접관이 제일 싫어하는 것이 바로 이 무뚝뚝한 말투예요. 면접에 합격해 회사에서 상사가 일을 시켰는데 무뚝뚝한 말투로 퉁명스럽게 대답하면 '도대체 일을 하고 싶다는 거야, 안 하고 싶다는 거야?'라는 생각이 들 수 있거든요. 이렇게 상대방이 계속 신경을 쓰게 만들죠.

말투를 친절하고 긍정적으로 바꾸고 싶으면 일단 목소리의 톤이 높아서는 안 돼요. 강하고 부정적인 말투는 대부분 하이톤의 음성에서 나와요. 하이톤은 어떤 말이라도 그 뜻을 왜곡시키는 아주 나쁜 힘이 있어요.

말투 교정에서는 '단어 끝 처리'도 아주 중요해요. 단어의 끝을 그냥 툭 무성의하게 내려버린다든지, 끝을 너무 강하게 올려버리면 목소리의 전체적인 이미지가 나빠져요. 단어 끝은 항상 부드럽게, 마치 떨어지는 물건을 쿠션으로 감싸주듯 표현해야 해요.

다음 예문을 읽어봅니다. 톤은 가급적 낮게, 단어 끝을 부드럽게 감싸며 읽어보세요.

세상에는 세 종류의 기업이 있다고 생각합니다.

세상에 일을 내는 기업,/ 그 일을 내는 기업을 지켜보는 기업,/

마지막으로 '무슨 일이 있나?'라고 의아해 하는 기업./

○○기업은 친환경 에너지 솔루션 분야에서/ 큰 혁명과도 같은 일을 해내는 기업입니다.

환경 및 에너지 분야는 인류의 생존 문제와도 직결돼 있기 때문에/ 더욱 사명을 다해 일해야 한다고 생각합니다.

○○의 일원이 되어 선후배님들과 인류의 미래를 함께 만들어가겠습니다.

구직자마다 목소리에 대한 증상이 다를 것이다. "왜 나는 목소리가 작은 걸까?" "발음을 더욱 정확하게 만들고 싶어." "내 목소리에는 왜 열정과 자신감이 들어가 있지 않을까?" 이렇게 목소리에 대한 수많은 고민이 있다. 목소리는 타고나는 것이 아니라 누구나 훈련하면 얻을 수 있는 기술이다. 아나운서도 처음부터 목소리가 좋았던 것은 아니다. 누구나 목소리를 바꿀 수 있다. 내가 갖고 있는 목소리의 고민을 꼭 해결해 면접장에서 당당하게 말해보자.

2장

면접관을 사로잡는 목소리 만들기

편안함과 안정감은 기본적으로 목소리의 톤에서 결정돼요.
기업 면접을 볼 때 목소리의 톤에 긍정이 가득해야 해요.

대기업 면접관들이 선호하는 목소리가 따로 있나요?

　기업에서 좋아하는 목소리는 당연히 열정이 가득한, 그러면서 도 편안함과 안정감이 느껴지는 목소리예요. 열정은 단어가 주는 감정을 진하게 표현하면 생겨요. 예를 들어 "저는 잘할 수 있습니 다."라는 말을 할 때 '잘할 수 있다!'라는 강한 마음을 넣어 표현하 면 목소리에서도 열정이 느껴지죠.

　편안함과 안정감은 기본적으로 목소리의 톤에서 결정돼요. 기 업 면접을 볼 때 기본적으로 목소리의 톤에 긍정이 가득해야 해요. '나는 정말 행복하다.'는 해피톤을 기본적으로 낸 다음, 거기에 내용을 넣는 거죠. 해피톤은 마음으로도 만들지만 배 근육으로 내 몸의 공명점(C-SPOT)을 누르면서 말하면 자신의 톤에 맞춰 긍정적이면서도 편안한 소리를 낼 수 있어요.

🔊 Training

다음 예문을 소리 내 읽어보고 녹음해봅시다.

안녕하십니까? 지원자 ○○○입니다.

무슨 일이든 신나게 덤비자!

저는 무슨 일을 할 때 항상 신나게 무섭게 덤빕니다.

무슨 일이든 '생각보다 어렵지 않다!'라는 마음을 가지면 정말 일이 잘 풀리는 경우가 많았습니다. 해외 현장에서 문화가 다른 사람들을 무섭게 관리하면서도 신나게 그들과 소통했던 경험을 이제 ○○회사에 풀어놓겠습니다.

저를 꼭 뽑아주십시오.

공무원과 공기업이 좋아하는 목소리도 따로 있을까요?

공직은 창의력이나 열정도 중요하지만 공직 생활에 대한 사명감, 조직에 대한 충성도, 성실함 같은 것을 중요시 여겨요. 너무 큰 목소리로 튀듯 말하는 것보다는 천천히 안정감 있게, 그러면서도 열려 있는 목소리로 말해야 해요. 믿음직하고 신뢰감 있으며 책임감과 협동심이 강한 목소리, 단정하면서도 예의 있는 목소리를 좋아해요. 이러한 책임감과 안정감은 공명 목소리에 많이 실려 있어요. 목소리에 울림을 넣는 훈련을 해봐요. 울림을 만드려면 입안의 공간을 넓혀야 해요. 입안을 크게, 진동하며 말을 해보세요.

다음 예문을 소리 내 읽어보고 녹음해봅시다. 밑줄 친 단어에 더욱 울림을 넣어 말해봅니다.

Q. 조직이나 단체 생활에서 갈등을 겪었던 경험을 어떻게 해결했는가?

저는 대학교 시절 <u>학과 학생회</u> 총무를 한 적이 있습니다. 그런데 많은 <u>학우들이 학생회비</u>를 잘 내지 <u>않는다</u>는 사실을 알게 됐습니다. 그 이유를 보니 학생들은 <u>학생회비</u>가 모두 <u>학과 발전</u>을 위해 사용하는지 <u>의심</u>을 하고 있었기 때문이었습니다.

그래서 저는 <u>총무</u>로 일하는 동안 모든 <u>지출내역</u>을 장부에 기록하고 돈을 사용할 때는 항상 <u>영수증 처리</u>를 했습니다. 그리고 <u>3개월에 한 번씩</u> 그 내역을 학생들이 <u>모두 볼 수 있도록 공개한 결과</u> 많은 학생들이 <u>학생회비</u>를 냈습니다.

<u>아무런 이유 없이 갈등이 생기는 경우는 없는 것 같습니다.</u> 그 <u>갈등의 원인</u>을 알아내고 그에 맞는 <u>해결책</u>을 제시하면 문제가 풀릴 수 있다는 사실을 이 경험을 통해 알게 됐습니다.

항공사 승무원에 합격하려면 어떤 목소리를 가져야 할까요?

　승무원을 준비하는 구직자 가운데 대부분 '솔' 톤의 높고 여성스러운 목소리가 좋은 목소리라고 생각하는 경우가 많은데요. 사실 그렇지 않아요. 너무 여성스럽고 아기 같은 목소리는 오히려 신뢰감을 주지 못하죠. 기내방송을 할 때도 마찬가지예요.

　친절함은 목소리로 만들어내는 것이 아니라 친절한 마음에서 만들어져요. 일부러 목소리를 친절하게 꾸미려고 하면 가짜 목소리가 나옵니다. 아나운서 같은 목소리와 어조로 말하면 훨씬 더 안정감 있고 신뢰감 있는 목소리를 낼 수 있어요. 가급적 예쁘게 말하는 목소리를 내려놓고 자신의 숨을 기반으로 한 자연스러운 목소리를 내보세요.

📢 Training

다음 예문을 소리 내 읽어보고 녹음해봅시다.

저는 대한항공의 비전에 큰 감동을 받았습니다. '한가족 서비스', '플라잉 맘' 등 고객에게 제공되는 감동적인 여행 서비스와 '하늘 사랑 영어교실' 등 대한항공의 사회 공헌활동에 저는 큰 마음의 울림을 느꼈습니다. 고객 한 사람 한 사람을 소중하게 생각하고 그들에게 더 나은 서비스를 하기 위해 노력하는 대한항공에서 멋진 제 인생의 비행을 하고 싶습니다.

수시면접에서 합격하려면 어떤 목소리를 내야 할까요?

요즘에는 수시면접을 통해 대학에 입학하는 학생들이 참 많은데요. 아직 고등학생이다 보니 면접을 볼 때 말끝을 흐린다거나 작은 목소리로 면접을 보는 친구들이 있어요. 당연히 당당하고 자신감 있는 모습을 보이지 못해 합격과는 거리가 멀어질 수밖에 없죠.

수시면접은 고등학교 생활이나 생활기록부에 있는 내용을 질문하는 경우가 대부분이에요. 아나운서같이 너무 멋진 말투보다는 그때의 경험담을 머릿속에 이미지로 떠올리며 실감나고 생생한 목소리를 내는 것이 더 좋아요. 또한 자신의 목표와 진로에 대해

진지하게 고민한 다음 이 과를 선택했다는 진정성이 느껴지는 목
소리가 필요해요.

다음 예문을 소리 내 읽어보고 녹음해봅시다.

저는 창의력을 갖춘 마케터가 되고 싶습니다. 창의력은 사물을 여러
가지 관점에서 바라보는 것에서 나온다고 생각합니다. 저는 다양한
관점을 갖기 위해 여러 분야의 공부를 하고 싶습니다. 저는 ○○대
학교의 다전공 제도를 활용해 마케팅뿐만 아니라 다양한 광고와 홍
보, 문화 등을 학습해 만능 마케터가 되고 싶습니다.

친절함은 목소리로 만들어내는 것이 아니라
친절한 마음에서 만들어져요.

1분 자기 PR 등 자기소개를 할 때는 일단 가장 쉽게 말할 수 있는 내용을 스토리텔링한 뒤 그것을 여러 번 소리 내어 연습해야 한다. 자기소개를 할 때는 가급적 천천히, 급하지 않게 말해야 하며 허공에 소리를 띄우듯 말해서는 안 된다. 면접관이 한 명이라고 생각하고 그 사람을 향해 응집력 있는 목소리를 내야 한다. 면접은 웅변이 아니라 대화다. 혼자 빠른 소리로 떠벌리듯 말하지 말고 한 사람에게 집중하며 천천히 말해보자. 지원동기를 말할 때는 회사와 업무에 대한 애정을 맘껏 표현하라. 이 회사가 좋아죽겠다는 마음을 목소리에 가득 담아라.

3장

면접의 주요 질문에 최적화된 목소리 찾기

자기소개를 할 때는 어떤 목소리로 해야 할까요?

자기소개는 면접을 여는 첫 단추예요. 30초에서 길어야 1분 이내에 자신의 매력을 어필해야 하죠. 기본적으로 호감을 불러일으킬 수 있는 자신감 있고 당당한 목소리가 필요해요. 그럼 어떻게 해야 할까요? 자신의 스토리 가운데 가장 자신 있는 것을 말해야 해요. 그래야 진짜 울림이 나오거든요. 자기소개에서 가장 어리석은 사람들이 말하고 싶지 않은 내용, 어려운 내용을 준비해 말하는 사람들이에요. 오프닝에서 긴장을 깨지 않으면 면접 내내 긴장이 계속된다는 사실을 절대 잊지 마세요.

자기소개를 할 때 많은 면접자들이 허공에 자신의 목소리를 뿌리는 경우가 많아요. 면접은 웅변이 아니라 대화예요. 앞에 있는 한 사람에게 말하듯 친근감 있으면서도 응집력 있는 목소리가 필요해요.

또한 처음 입을 열어 말할 때는 긴장해서 말의 속도가 빨라질 수 있어요. 면접관 한 사람 한 사람과 눈을 마주치며 가급적 천천히 말하는 것이 중요해요.

다음의 자기소개 예문으로 트레이닝을 해봅시다.

예문 1 면접관님, 안녕하십니까? 이렇게 일요일인데도 불구하고 면접을 위해 출근해주신 면접관님들께 진심으로 감사드립니다. 가족과 행복하게 보내야 하는 일요일을 저희들에게 투자해주신 만큼 오늘 면접에서 제 안의 진심을 모두 담아 성심성의껏 말씀드리도록 하겠습니다.

예문 2 안녕하십니까? 지원자 ○○○입니다. 저는 ○○사에서 제 열정을 불태우고 싶습니다. 새벽 수산물 시장의 팔딱거리는 고등어처럼 거꾸로 강을 거슬러 오르는 연어처럼 제 심장은 두근두근 뛰고 있습니다. 이런 뜨거운 심장으로 ○○은행의 멋진 일꾼이 되겠습니다.

자기소개는 면접을 여는 첫 단추예요.

호감을 불러일으킬 수 있는 자신감 있고 당당한 목소리가 필요해요.

지원 동기를 말할 때는 어떤 목소리를 내야 할까요?

기업의 경영진들과 인사 담당자들이 사실 정말 알고 싶어 하는 것이 '지원 동기'예요. 명석한 인재라도 열정이 없으면 뽑는다고 해도 금방 퇴사하거든요.

지원 동기는 당연히 '사랑'과 '애정'이 묻어나야 해요. 보통 지원 동기는 ① 이 회사에 왜 입사지원을 했는지, ② 이 업무를 왜 하고 싶은지, 이 2가지에 대해 말을 해야 해요. 이때 회사와 업무에 대한 애정을 표현하면 훨씬 열정이 잘 전달돼요. 회사에 대한 충성심, 그리고 업무에 대한 사랑을 넣어 표현해보세요. "자세히 봐야 예쁘다."라는 말이 있죠. 자신이 지원하는 회사와 업무에 대해 자세히 보면 볼수록 목소리에서 애정이 묻어날 거예요. 기업은 똑똑한 사람도 좋아하지만 우리 회사를 간절히 여기는 사람도 좋아한다는 사실을 잊지 마세요. 반드시 영혼이 가득한 마음에서 우러나오는 목소리로 말해야 합니다.

🔊 Training

다음의 지원 동기 예문으로 트레이닝을 해봅시다.

예문 1 ㅇㅇ건설은 국내 건설회사 중 가장 발 빠르게 해외 플랜트 사업에 눈을 돌린 기업입니다. 현재 나이지리아와 이집트에서 큰 영향력을 발휘하며 사업을 수주하고 있어, 이곳에서 일할 수 있다는 것만으로도 제게는 큰 영광입니다. 제 꿈인 플랜트 엔지니어가 되기 위해 플랜트 관련 교육도 수강했고, 또한 사무에 도움을 줄 수 있는 사무 자동화 프로그램도 공부했습니다. "어제보다 나은 오늘의 나"를 만들며 ㅇㅇ건설에서 제 꿈을 실현하고 싶습니다.

예문 2 안녕하십니까? 저는 대학로에서 공연 안내원으로 일한 적이 있습니다. 공연을 보러오는 분들에게 입장권을 나눠드리고 좌석을 안내해드리는 역할을 했는데요. 연인과 함께 온 분들에게는 "두 분, 너무 잘 어울리세요. 좋은 추억 쌓으세요."라고 말씀드리고 공연에 대해 간단하게 코멘트를 해드렸더니 정말 좋아하는 모습을 볼 수 있었습니다. 연극의 시작 접점에 있는 공연 안내원과 승무원은 비슷하다는 생각이 듭니다. 새로운 곳에서의 추억이 시작되는 그 접점에 승무원이 있기 때문입니다. 저는 승무원은 인생 이벤트의 첫 문을 열어주는 사람이라고 생각합니다. 그 이벤트의 시작이 달콤하고 행복할 수 있도록 하는 멋진 이벤트 기획자가 되겠습니다.

성격의 장단점을 말할 때는 어떻게 목소리를 표현해야 하죠?

성격의 장점에 대한 대답은 지원한 직무에 꼭 필요한 능력과 연관시켜 말하는 것이 좋아요. 반대로 단점은 지원한 직무와 관계없는 일반적인 것이 좋죠. 장점을 말할 때는 '나는 이런 장점을 갖고 있어 참 좋다.'라는 셀프 긍정이 느껴져야 해요. 그리고 '이러한 장점이 정말 나에게 많은 도움이 됐다.'라는 느낌도 들어가는 것이 좋아요. 장점이 거짓이 아니라 진실이라는 당당한 목소리도 필수겠죠.

반대로 약점은 '이런 약점이 있어 참 아쉽다. 하지만 고치려고

노력하고 있다.'라는 아쉬움과 개선하고자 하는 노력이 들어 있는
목소리가 필요해요.

다음의 성격의 장단점 예문으로 트레이닝을 해봅시다.

- **성격의 장점**

저는 손재주가 아주 좋습니다. 어렸을 때부터 컴퓨터를 누가 가르쳐
주지 않았는데도 뜯어보고 고쳐보는 등 무언가를 뚝딱 잘 만졌습니
다. 그리고 생활력이 참 강하다는 말을 자주 듣습니다. 고등학교 때
어머니가 아프신 적이 있었는데 그때 병원에서 어머니 간호도 하고
아르바이트도 하며 용돈을 번 적이 있습니다.

- **성격의 단점**

제 성격의 단점은 남을 먼저 생각하다 보니 제 의사를 100% 내세우
지 못한 경향이 있다는 것입니다. 물론 남을 배려하고 남의 의견을
경청하는 것도 중요하지만 명확하게 "내 생각은 이렇다."라고 말해
줘야 후에 오해가 생기지 않는다는 것을 알게 됐습니다. 그래서 어
렵지만 제 목소리를 내려고 노력하고 있습니다.

기업은 똑똑한 사람도 좋아하지만
우리 회사를 간절히 여기는 사람도 좋아한다는 사실을 잊지 마세요.

구체적인 경험담을 말할 때는 어떤 목소리로 표현할까요?

기업은 면접에서 딱 3가지를 봐요. ① 조직적합성 ② 업무적합성 ③ 비전 적합성이죠. 그러니 경험담 에피소드로는 '나는 조직원들과 어울릴 수 있는 친화력이 있어요.', '나는 업무를 잘할 수 있는 능력이 있어요.', '나의 비전과 조직의 비전은 동일해요.'라는 주제를 어필할 수 있는 경험담을 준비해 풀어놓으면 되죠.

경험담을 말할 때는 그 당시 상황으로 들어가 실감나게 말하는 게 중요해요. 타임머신을 타고 면접관을 그때 그 현장으로 데려가는 거죠. 그때의 상황을 면접관이 머릿속에 그릴 수 있도록 천천히 말하는 반면, 경험과 관련한 세세한 이야기는 빠른 스피드로 진도를 나가는 것이 중요해요. 마지막으로 경험담 에피소드를 말할 때 중간에 '어, 아, 그, 저, 음' 등의 사족이 여러 번 들어가게 해서는 안 돼요.

🔊 Training

다음의 경험담 에피소드를 실감나게 말해보세요.

예문 1 저는 대학교 때 '강태공'이라는 낚시 동호회에 가입해 활동했습니다. 대학생들이 별로 낚시를 좋아하지 않아서인지 동아리가 존폐 위기에 놓인 적이 있었습니다. 저는 설문조사를 통해 학생들 사이에서 '낚시는 너무 재미없고 지루하다.'는 인식이 있다는 것을 알게 됐고, 산악 플레이모빌과 래프팅 등 여러 가지 활동적인 이벤트를 넣어 프로그램을 짰더니 많은 신입 회원을 받을 수 있었습니다. 저는 그때 "아무리 어려워도 솟아날 구멍이 있다."라는 사실을 배울 수 있었습니다.

예문 2 저는 매력적인 DNA를 갖고 있습니다. 바로 '친근감'이라는 DNA입니다. 저는 주위 사람들에게 "예전부터 알고 지냈던 사람 같아요."라는 말을 많이 듣습니다. 예전에 '독거노인 지킴이'로 ○○요양원에서 봉사활동을 했습니다. 처음에 할머니들께서는 저를 낯설어 하셨지만 함께 레크리에이션을 했더니 금방 분위기가 부드러워졌습니다. 처음에는 레크리에이션 하는 것이 부끄럽다며 하지 않겠다던 할머니들께서 나중에는 "또 하자."고 말하시는 모습을 보며 가슴 뿌듯했습니다. 다음에 할머니들을 만났을 때 "우리 손녀딸, 또 왔네. 유정이한테는 괜히 정이 가." 이렇게 말씀하시곤 했습니다. 항상 밝은 미소로 만나는 사람을 대하기 때문에 친근감 있게 저를 대하시는 것 같습니다.

예문 3 4학년 1학기에 과동아리 '디라인(Deline)'에서 후배들에게 캐드 수업 신청을 받아 일주일에 한 번, 2시간씩 40명에게 캐드를 가르쳐줬습니다. 어떻게 하면 후배들이 캐드와 사랑에 빠질 수 있을까 고민한 끝에 밴드를 만들어 제가 직접 만든 캐드 명령어와 툴바 용어, 연습 예제를 올렸습니다. 실습과 과제, 졸업 작품 준비로 바빴지만 후배들에게 따로 캐드 학원을 다니지 않을 정도의 실력을 쌓아주고 싶어 평면도면 캐드까지 가르쳐줬습니다. 그런데 참 신기한 것은 이 캐드 수업을 통해 저도 많이 성장했다는 것입니다. "가르치면서 배운다."라는 말을 몸소 느낄 수 있었습니다.

앞으로의 계획이나 마지막 한마디를 말할 때 내면 좋은 목소리는 뭘까요?

　스피치의 마지막은 감동을 주는 것이 중요해요. 이때 너무 힘을 준다거나 너무 당당하고 자신감 있게 말하기보다는, 천천히 작게 여운을 주며 그러면서도 단단한 마음을 표현하는 것이 중요합니다. 면접관에게 감동을 줄 수 있게 진심을 다해 진정성 있게 목소리를 내보세요.

◀◎⁾ Training

앞으로의 계획, 마지막 한마디 예문을 감동적으로 말해보세요.

예문 1 저희 꿈은 진정한 플랜트 엔지니어가 되는 것입니다. 향후 5년간 기계나 배관 부서 시공의 전문가가 되기 위해 제 몸과 마음의 열정을 모두 쏟아부을 것입니다. 그런 다음 과장, 차장급의 직무를 맡을 때는 시공 전문가분만 아니라 PF, 수주 실무법을 공부해 수주 영업까지 성공적으로 할 수 있는 멋진 플랜트인이 되겠습니다.

예문 2 "제가 있는 이 자리에서 1등이 아니면 절대 전국의 1등, 세계의 1등이 될 수 없다."라는 마음가짐을 항상 갖고 생활하겠습니다. 삼성은 이미 국내분만 아니라 전 세계의 1등인 세계 초일류 기업입니다. 이곳에서 저는 제가 갖고 있는 업무의 능력을 꼭 인정받고 싶습니다. 또한 각 분야 1등이 모인 삼성이라는 큰 우주에서 서로 머리를 맞대고 연구해 고객들에게 감동을 전할 수 있는 제품을 만들어내고 싶습니다.

예문 3 ○○생명은 우리나라 최고의 보험회사이자 세계적인 종합금융서비스 회사입니다. 그동안의 ○○생명이 있기까지 힘쓰신 선배님들의 노고와 정신을 잊지 않겠습니다. 그리고 조직 구성원들과 더욱 화합하고 발전해 ○○생명의 경쟁력을 높이는 데 반드시 이바지하겠습니다.

스피치의 마지막은 감동을 주는 것이 중요해요.
진심을 다해 진정성 있게 목소리를 내보세요.

보이스 트레이닝은 생각보다 어렵지 않다. 하루 10분이면 좋은 목소리를 만들기에 충분하다. 몸의 긴장을 풀고 호흡에 집중하자. 사람들은 목소리를 듣는 것이 아니라 그 사람의 호흡을 듣는 것이다. 숨을 가급적 많이 들이마시고 힘껏 '하~' 소리를 내며 뱉어보자. 목소리의 3대 기술 '발발호'(발음 · 발성 · 호흡) 가운데 가장 중요한 것은 호흡이다. 숨을 많이 담고 시원하게 뱉어라. 그런 다음 목소리의 3대 마음 '자긍따'를 잊지 말자. 자신감 · 긍정심 · 따뜻함이 가득한 그런 목소리를 만들어보자. 하루 10분이면 충분하다.

4장

따라하면
합격하는
목소리
트레이닝

기본 스트레칭

◆ 효과

기본 스트레칭을 통해 전체적인 몸의 긴장도를 낮춰야 한다. 긴장
을 많이 하는 사람들을 보면 대부분 100년 된 고목나무처럼 굳어
있다. 긴장하게 되면 몸이 굳고 표정이 굳고 말도 굳는다. 내 몸도
하나의 악기임을 잊지 말자. 내 몸이라는 악기를 잘 연주하기 위해
서는 반드시 스트레칭이 필요하다. "처음에는 사람이 습관을 만들
지만 나중에는 습관이 사람을 만든다." 언젠가 자연스럽게 습관적
으로 좋은 목소리를 낼 수 있도록 기초 공사부터 튼튼히 해보자.

◆ 방법

① 스트레칭을 통해 목소리의 긴장도를 낮춰보자. 일어나서 양손
   엄지손가락으로 목 뒤로 젖힌다.

② 한 손으로 서서히 머리를 당긴다. 좌우로 반복한다.

③ 양손을 머리 위로 올려 누르며 고개를 숙인다.

④ 양손을 뻗어 최대한 위로 늘린다.

⑤ 양손을 뻗어 상체를 옆으로 기울인다. 좌우로 반복한다.

⑥ 깍지 낀 팔과 뒤로 해 상체를 숙인다.

양손 엄지손가락으로
목 뒤로 젖히기

한 손으로 서서히
머리 당기기(좌, 우)

양손을 머리 위로
올려 고개 숙이기

양손을 뻗어
최대한 위로 늘리기

양손을 뻗어 상체 옆으로
기울이기(좌, 우)

깍지 낀 팔과 함께
상체 숙이기

얼굴 근육 스트레칭

◆ 효과

자, 이제 몸을 풀어주었다면 얼굴 근육을 자연스럽게 펴주자. 얼굴 근육은 입을 움직이는 중요한 부분이다. 얼굴 근육 스트레칭을 통해 발음이 보다 더 정확해질 수 있도록 하자.

◆ 방법

얼굴 근육 운동에는 눈썹 운동, 눈 운동, 코 운동, 볼 운동, 턱 운동, 입 운동이 있다. 얼굴 각 부분의 근육을 움직여주기 때문에 발음뿐만 아니라 표정도 훨씬 부드러워질 수 있다. 다음의 그림을 보고 따라해보자.

눈썹 운동

눈썹을 위로 4박자씩 올려주세요.　　눈썹을 아래로 4박자씩 올려주세요.

눈 운동

눈동자를 위로 올려주세요.　　　　눈동자를 아래로 내려주세요.

그다음은 눈동자를 좌우로 왔다 갔다 하고
오른쪽으로 한 바퀴, 왼쪽으로 한 바퀴 돌려주세요.

코 운동

코를 찡긋해주세요.

코를 환하게 펴주세요.

볼 운동

바람을 넣어 볼 근육을 쫙 펴주세요.

혀를 입 안쪽으로 밀어내면서 확실히 근육을 펴주세요.

턱 운동

입을 '아' 하고 벌린 후 턱을 오른쪽으로 돌려주세요.

입을 '아' 하고 벌린 후 턱을 왼쪽으로 돌려주세요.

입 운동

바람을 불듯이 입을 오므려주세요.

"개구리 뒷다리~" 하고 말해주세요.

혀 운동

• 효과

혀는 근육으로 이루어져있기 때문에 간단한 혀 운동만으로도 보다 정확한 발음을 얻을 수 있다. 만약 내 의지대로 혀가 움직이지 않는다면 평상시 말을 할 때 혀 근육을 많이 움직이지 않기 때문이다. 잘 되지 않더라도 매일 꾸준히 연습해보자.

아나운서들은 혀를 입안이나 입 밖으로 꺼내 글자를 써보는 연습을 하기도 한다. 그럼 혀의 운동성이 훨씬 좋아진다. 혀 운동을 하기에 또 좋은 것이 바로 젓가락을 물고 연습하는 것이다. 젓가락

을 물면 혀가 젓가락 아래로 내려가 혀 위치를 잡는 데 도움을 받
을 수 있다.

앞에 거울을 준비한다. 입을 크게 벌려 혀를 관찰한다. 그런 다음
혀를 다음의 이미지에 맞춰 움직여준다. 혀가 통통하고 둔탁한 사
람들이 있다. 혀를 굴리면서 '아르르르르'를 해보자. 잘 되는가? 만
약 혀가 둔하게 움직인다면 다음의 이미지를 따라 하며 혀를 유연
하게 풀어주자.

혀끝이 목구멍을 향하도록
동그랗게 말아주세요.

혀를 바닥에 쫙 깔아주세요.

혀끝이 윗니 왼쪽 제일 안에 있는
어금니에 닿도록 해주세요.

혀끝이 윗니 오른쪽 제일 안에 있는
어금니에 닿도록 해주세요.

그다음에 아랫니의 오른쪽, 왼쪽 제일 안에 있는
어금니에 혀끝이 닿도록 해주세요.

혀끝으로 원을 그리면서
왼쪽으로 움직여주세요.

혀끝으로 원을 그리면서
오른쪽으로 움직여주세요.

혀끝으로 '가나다라~' 이렇게
글씨를 써주세요.

티슈 발성 트레이닝

◆ 효과

티슈 호흡법은 발성과 호흡이 동시에 좋아지는 훈련법이다. 티슈가 움직일 정도로 숨을 크게 보내야 하기 때문에 소리에 힘이 실려 발성이 좋아지게 된다. 또한 숨을 가득 채운 다음 다 쏟아내기 때문에 담을 수 있는 호흡의 양도 점차 많아진다.

◆ 방법

① 갑티슈의 휴지를 꺼낸다.

② 손에 휴지를 잡은 다음 '후~' 하고 불어준다.

③ 이때 그냥 입으로만 바람을 불지 말고, 복식호흡 존에 숨을 가
득 채운 다음 배에서 올라온 공기로 휴지를 불어주자.

④ '후~, 후~, 후~, 후~, …' 10번에 걸쳐 숨을 들이마시고 뱉어주자.

⑤ 호흡 연습이 끝낸 휴지를 내려놓은 다음, 숨을 들이마시고 '후~'
하고 외쳐보자.

⑥ 복식호흡 존에 있던 숨이 자연스럽게 올라와 입을 통해 나가는
것을 느껴보자.

배에 숨을 가득 채운 다음
최소 30초 이상
입으로 바람을 불어보자.

시계 초침 트레이닝

* 효과

시계 초침을 바라보면서 길게 소리를 내는 훈련을 하다 보면 말의 체력, 즉 호흡이 좋아진다. 가급적 숨을 많이 채우고 숨이 거의 남아 있지 않을 정도까지 뱉어보자. 이때 숨이 길게 나갈 수 있도록 시선은 먼 곳을 바라본다. 최소한 20초는 숨을 뱉을 수 있어야 한다.

① 시계 초침을 보면서 '아~' 하고 20초 동안 소리를 낸다.

② 시계 초침을 보면서 '아~' 하고 30초 동안 소리를 낸다.

③ 시계 초침을 보면서 '아~' 하고 40초 동안 소리를 내며 버틴다.

④ 시계 초침을 보면서 '아~' 하고 50초 동안 소리를 내며 버틴다.

시계 초침을 보며 30초 동안 "아~"를 하고,
40초 동안 "안녕하세요~"를 해보자.

배짜기 트레이닝

◆ 효과

목소리는 폐 안에 있는 숨이 올라와 성대를 울리며 나는 것이다. 이때 배 근육을 잡아당기면 폐 안의 숨이 갑자기 올라오며 소리의 압력, 즉 성압이 올라간다. 이를 활용하면 크고 또렷한 목소리를 얻을 수 있다. 우리가 "배에 힘을 주고 말해라."라고 하는 이유가 이 때문이다.

숨을 복식호흡 존(마지막 갈비뼈부터 배꼽 아래 5cm까지)에 채운다. 배 근육이 등가죽과 붙는다는 생각이 들 정도로 '아~' 하고 확 눌러본다. 이때 배 근육이 제대로 수축되면 양쪽 골반뼈 윗부분의 근육이 딱딱해지는 것을 느낄 수 있다.

배짜기 트레이닝의 4가지 방법을 소개한다. 차근차근 트레이닝 하도록 하자.

◆ **방법 1 | 20초 배짜기 연습법**

① '아~' 하고 20초 동안 소리를 계속 내주자. 이때 소리가 나가면서 배가 수축하는 것을 느껴보자.

② '안녕하세요, 안녕하세요, 안녕하세요.'를 반복하면서 20초 동안 소리를 내자.

◆ **방법 2 | 스타카토 배짜기 연습법**

① '아! 아! 아!' 스타카토로 세 음절의 소리를 내자.

② 이때 숨을 들이마시고, '아!' 하고 다시 숨을 들이마시고, '아!' 하고 다시 숨을 들이마시고, '아!' 하고 뱉어보자.

① '안녕하세요.'라는 단어를 숨을 들이마신 다음 배를 짜면서 말해 보자.

② '할 수 있습니다.'라는 단어를 숨을 들이마신 다음 배를 짜면서 말해보자.

③ '해낼 수 있습니다.'라는 단어를 숨을 들이마신 다음 배를 짜면서 말해보자.

* 방법 4 | 가갸거겨 배짜기 연습법

'가, 갸, 거, 겨' 한 음절씩 배짜기를 하면서 발음하면 기본적으로 배 근육을 트레이닝 할 수 있다. 또한 모음과 자음 훈련도 함께할 수 있어 시간을 절약하며 배, 입, 혀 근육 스트레칭을 모두 할 수 있다.

최소 2~3회 이상 여러 번, 전체를 반복해보자.

① 숨을 들이마신 다음 배짜기를 하며 '가~' 하고 소리를 낸다.

② 다시 숨을 들이마신 다음 배짜기를 하며 '갸~' 하고 소리를 낸다.

③ '가'부터 '히'까지 반복한다.

가	갸	거	겨	고	교	구	규	그	기
나	냐	너	녀	노	뇨	누	뉴	느	니
다	댜	더	뎌	도	됴	두	듀	드	디
라	랴	러	려	로	료	루	류	르	리
마	먀	머	며	모	묘	무	뮤	므	미
바	뱌	버	벼	보	뵤	부	뷰	브	비
사	샤	서	셔	소	쇼	수	슈	스	시
아	야	어	여	오	요	우	유	으	이
자	쟈	저	져	조	죠	주	쥬	즈	지
차	챠	처	쳐	초	쵸	추	츄	츠	치
카	캬	커	켜	코	쿄	쿠	큐	크	키
타	탸	터	텨	토	툐	투	튜	트	티
파	퍄	퍼	펴	포	표	푸	퓨	프	피
하	햐	허	혀	호	효	후	휴	흐	히

자신의 목소리를 객관적으로 들을 줄 알아야 해요.
면접관은 내 목소리를 객관적으로 듣고 평가하니까 말이에요.

배털기 트레이닝

• 효과

배짜기의 심화 버전이자 발성의 꽃인 배털기에 대해 배워보자. 배털기를 할 수 있는 사람은 발성의 달인이다. 배에 담긴 숨이 소리로 바뀌려면 절대적으로 숨을 끌어 올려주는 배 근육의 힘이 필요하다. 배 근육을 이용해 말을 많이 해본 사람은 배 근육이 탄력성이 좋아 배짜기뿐만 아니라 배털기도 가능해진다.

사실 우리말은 빠르다. 여러 음절이 계속 나오면서 빠르게 단어가 되고 문장이 된다. 입은 그 말의 속도를 따라갈 수 있지만 우리의 배 근육은 탄력성이 입보다 떨어져 말의 속도를 따라갈 수가 없다. 그래서 자꾸 목으로만, 입으로만 말하게 되는 것이다. 빠른 말의 속도에 맞춰 배 근육도 움직일 수 있게 트레이닝 하자.

◆ 방법

숨을 복식호흡 존에 가득 채운다. 그런 다음 노래 부르듯 '아아~' 하고 배 근육으로 바이브레이션을 만들어주자. 이때 '아아아아~'에 맞춰 배가 계속 털려야 한다. 제대로 배털기를 하면 목 후두(목의 돌출된 부분)와 쇄골 뼈 부분이 움직이는 것이 느껴질 것이다.

① 먼저 숨을 배까지 채운 다음 첫음절을 발음한다.
② 이어지는 다음 음절을 소리 낼 때 배를 털어보자.

로 → 로~~오~~~~('오'를 발음할 때 배를 털어보자.)

얄 → 야~~알~~~~('알'을 발음할 때 배를 털어보자.)

막 → 마~~악~~~~('악'을 발음할 때 배를 털어보자.)

파 → 파~~아~~~~('아'를 발음할 때 배를 털어보자.)

리 → 리~~이~~~~('이'를 발음할 때 배를 털어보자.)

톨 → 토~~올~~~~('올'을 발음할 때 배를 털어보자.)

발음 연습 트레이닝

◆ 효과

어차피 소리는 3가지 근육으로 만들어진다. 입 근육과 혀 근육, 그리고 배 근육이다. 한 번 소리 내 만들어진 근육은 절대 잊혀지지 않는다. 연습한 만큼 몸이 기억을 한다는 것이다. 다음의 소리를 크게 내보자. 아마 평생에 한 번도 내보지 않았던 소리일 것이다. 이렇게 근육을 깨우고 나면 어떤 말이든 술술 나오는 경험을 할 수 있다.

◆ 방법

① 가급적 거울을 앞에 두고 연습하자.

② 입과 혀가 어떻게 움직이는지 확인하자.

③ 입안의 공간을 크게 하고 혀가 그 안의 공간을 자유롭게 움직이
   도록 한다.

개 내 대 래 매 배 새 애 재 채 캐 태 패 해 깨 때 빼 쌔 째

걔 냬 댸 럐 먜 뱨 섀 얘 쟤 챼 컈 턔 퍠 햬 꺠 떄 뺴 썌 쨰

게 네 데 레 메 베 세 에 제 체 케 테 페 헤 께 떼 뻬 쎄 쩨

계 녜 뎨 례 몌 볘 셰 예 졔 쳬 켸 톄 폐 혜 꼐 뗴 뼤 쎼 쪠

과 놔 돠 롸 뫄 봐 솨 와 좌 촤 콰 톼 퐈 화 꽈 똬 뽜 쏴 쫘

괘 놰 돼 뢔 뫠 봬 쇄 왜 좨 쵀 쾌 퇘 퐤 홰 꽤 뙈 뽸 쐐 쫴

괴 뇌 되 뢰 뫼 뵈 쇠 외 죄 최 쾨 퇴 푀 회 꾀 뙤 뾔 쐬 쬐

궈 눠 둬 뤄 뭐 붜 숴 워 줘 춰 쿼 퉈 풔 훠 꿔 뚸 뿨 쒀 쭤

궤 눼 뒈 뤠 뭬 붸 쉐 웨 줴 췌 쿼 퉤 풰 훼 꿰 뛔 쀄 쒜 쮀

귀 뉘 뒤 뤼 뮈 뷔 쉬 위 쥐 취 퀴 튀 퓌 휘 뀌 뛰 쀠 쒸 쮜

긔 늬 듸 릐 믜 븨 싀 의 즤 츼 킈 틔 픠 희 끠 띄 쁴 씌 찍

목소리에는 그 사람의 인격, 됨됨이, 태도, 건강 상태 등이
들어 있기 때문에 전략적으로 목소리를 표현해야 해요.

어려운 발음 트레이닝

• 효과

다음에 나오는 어려운 발음을 소리 내보자. 우리가 배웠던 모음과 자음의 위치를 항상 생각하면서 읽어야 한다. 만약 모음과 자음의 음가를 하나하나 생각하는 것이 어렵다면 그냥 입안을 동굴처럼 크게 벌려주자. 소리의 기본 중심점은 입이 아니라 C-SPOT이다. 맨 마지막 갈비뼈 Y자로 갈라지는 그 점이 바로 내 몸의 공명점이다. 공명점에 힘을 주고 입을 크게 벌리면서 훈련한다.

♦ 방법

① 콩깍지를 '콘깍지'라고 발음하지 않는다.

② 간장을 '강장'이라고 발음하지 않는다.

③ 깡통을 '깐통'이라고 발음하지 않는다.

④ 허가과를 '허가까'라고 발음하지 않는다.

⑤ 뜀틀을 '띰틀'이라고 발음하지 않는다.

⑥ 곽진광을 '각진광'이라고 발음하지 않는다.

- 뜰의 콩깍지는 깐 콩깍지인가 안 깐 콩깍지인가. 깐 콩깍지면 어떻고 안 깐 콩깍지면 어떠냐. 깐 콩깍지나 안 깐 콩깍지나 콩깍지는 다 콩깍지인데.

- 간장 공장 공장장은 강 공장장이고, 된장 공장 공장장은 공 공장장이다.

- 저기 계신 저분은 백 법학박사이고, 여기 계신 이분은 박 법학박사이다.

- 작년에 온 솥 장수는 새 솥 장수이고, 금년에 온 솥 장수는 헌 솥 장수이다.

- 상표 붙인 큰 깡통은 깐 깡통인가? 안 깐 깡통인가?

- 신진 샹숑가수의 신춘 샹숑쇼우

- 서울특별시 특허 허가과 허가과장 허 과장

- 저기 저 뜀틀이 내가 뜀 뜀틀인가 내가 안 뜀 뜀틀인가.

- 앞집 팥죽은 붉은 팥 풋팥죽이고, 뒷집 콩죽은 햇콩 단콩 콩죽이고, 우리 집 깨죽은 검은깨 깨죽인데, 사람들은 햇콩 단콩 콩죽 깨죽 죽 먹기를 싫어하더라.
- 우리 집 옆집 앞집 뒷창살은 홑겹창살이고, 우리 집 뒷집 앞집 옆창살은 겹홑창살이다.
- 내가 그린 기린 그림은 긴 기린 그림이고, 네가 그린 기린 그림은 안 긴 기린 그림이다.
- 저기 가는 저 상장사가 새 상 상장사냐 헌 상 상장사냐.
- 중앙청 창살은 쌍창살이고, 시청의 창살은 외창살이다.
- 멍멍이네 꿀꿀이는 멍멍해도 꿀꿀하고, 꿀꿀이네 멍멍이는 꿀꿀해도 멍멍하네.
- 저기 있는 말뚝이 말 맬 말뚝이냐, 말 못 맬 말뚝이냐.
- 경찰청 쇠창살 외철창살, 검찰청 쇠창살 쌍철창살.
- 내가 그린 구름그림은 새털구름 그린 구름그림이고, 네가 그린 구름그림은 깃털구름 그린 구름그림이다.
- 칠월칠일은 평창친구 친정 칠순 잔칫날.
- 고려고 교복은 고급교복이고 고려고 교복은 고급원단을 사용했다.
- 대우 로열 뉴로열
- 한국관광공사 곽진광 관광과장

동기부여 트레이닝

• 효과

명언에는 내 중심을 잡아주는 힘이 있다. 면접은 강력한 정신력이 있어야 흔들리지 않고 당당하게 볼 수 있다. 여기에 적혀 있는 명언뿐만 아니라 자신에게 큰 영혼의 울림을 준 명언을 적어 책상 위에 붙여두자. 또한 이러한 명언들을 머릿속에 넣고 입으로 여러 번 소리 내 읽어보면 면접을 볼 때 순발력 있게 명언을 활용해 말할 수 있게 된다.

◆ **방법**

① 다음의 동기부여 명언을 큰 소리로 읽는다.

② 여러 번 읽어 면접을 볼 때 자연스럽게 이 명언을 말할 수 있도록 하는 것이 좋다.

- 큰 일을 하기 위해서는 작은 일부터 시작하기를 거부해서는 안 된다.

- 어떤 일에 성공하기 위해서는 눈은 먼 곳에 두면서 손은 지금 이곳에 두어야 한다.

- 어떤 일에 실패하는 유일한 이유는 '노력 부족' 때문이다.

- 자신감이 만들지 못할 기적은 없다.

- 자신감의 빈자리는 두려움이 채운다.

- 달리는 사람 중에는 무기력한 사람은 없다.

- 진정한 영업은 '고객 구매' 후 시작된다.

- 사람이 지혜가 부족해서 일에 실패하는 경우는 적다. 사람에게 늘 부족한 것은 바로 성실이다.

- 어떤 일을 성공시키려면 아이디어는 5%에 불과하다. 나머지 95%는 실행력에 달려 있다.

- 자신을 손금 들여다보듯 봐라.

- 매일 세 번 자신을 살펴라. (중국 격언)

- 리더는 바다가 모든 강물을 받아들이듯 사람들을 포용해야 한다.

- 사람의 단점만 보면 세상에 쓸 사람이 없고 장점만 보면 세상에 포기할 사람이 없다.

- 기회는 의지가 강하고 에너지가 넘치며 행동이 신속한 사람을 좋아한다.

출처 :

전옥표 지음, 『이기는 습관』(쌤앤파커스, 2007)

리 슈에청 지음, 『최고의 리더는 어떻게 사람을 움직이는가』(라의눈, 2015)

긴장은 스피치의 가장 큰 적이에요.
긴장하면 평소의 말하기 실력도 나오지 않죠.

면접 답변 트레이닝

◆ 효과

다음의 면접 답변을 큰 소리로 읽어보자. 물론 내 상황에 맞는 답변은 아니지만 소리 내 읽는 것만으로도 큰 효과가 있을 것이다. 마치 자신이 직접 쓴 답변처럼 실감나게 읽어보자.

◆ 방법

① 면접에서는 항상 밝고 긍정적인 톤을 유지해야 한다. "I am happy!" 톤이 중요하다.

② 육하원칙에 들어가는 내용의 단어는 더욱 강조한다.

③ 천천히 말한다.

④ 허공에 내 소리를 뿌리는 것이 아니다. 한 사람에게 소리를 꽂는다는 느낌으로 말해야 한다.

⑤ 끊어읽기 표시(/)에 신경 쓰며 읽는다.

Q. 자기소개를 해보세요.

안녕하십니까?/ 저는 4.2kg의 우량아로 태어났습니다./ 그래서 우량아 선발대회에 나갔고/ 당당히 1등을 해/ 1년 치 분유를 상품으로 얻었습니다./ 이렇게 저는 태어날 때부터 효녀였습니다./ 이제 ○○은행의 효녀로 거듭나기 위해/ 이 자리에 왔습니다./ 저를 꼭 기억해주십시오./

쇼핑호스트가 되기 위해서는/ 2가지의 눈이 있어야 한다고 생각합니다./ 첫 번째 눈은/ 방송을 사랑하는 '열정의 눈'입니다./ 저는 MBN 증권부 증권시황 캐스터 시절./ 새벽 4시에 출근해 오전 마감하는 미 증시에 대한 방송을 시작으로/ 마감시황까지 매 시간 긴장을 놓지 않았습니다./ 별을 보고 출근해 별을 보고 퇴근을 했지만/ 방송에 대한 열정으로 한 번도 피곤하다는 생각을 해본 적이 없었습니다./ 둘째, '상품을 보는 눈'입니다./ 저는 쇼핑계의 브리태니커 백과사전이라 불립니다./ 친구들이 상견례 때 입을 옷을 고를 때도,/ 첫 월급으로 명품 가방을 살 때도,/ 친구들이 항상 SOS를 청하는 사람은 바로 저였습니다./ 이렇게 방송에 대한 열정의 눈,/ 상품에 대한 눈을 갖는 것이/ 쇼핑호스트가 갖춰야 할 소양이라고 생각합니다./

안녕하십니까? 지원자 ○○○입니다./ 저는 ○○화학에서 책임감을 갖고/ 프로젝트의 효율을 높이는/ 멋진 인재가 되겠습니다./ 대학교 프로젝트를 진행할 때/ 석유를 만드는 팀 프로젝트를 한 적이 있습니다./ 학생들은 각자 자신들의 수업과 시험 때문에/ 프로젝트에 참여하기 어려워했습니다./ 또한 진행 중인 프로젝트의 실험 결과가 별로 좋지 않아/ 모두들 힘들어했습니다./ 저는 그와 관련한 논문도 찾아보고 실험도 더 해보며/ 팀원들과 문제를 해결하기 위해 노력했습니다./ 제가 열심히 하니 팀원들도 잘 따라주었고/ 그 결과 실험 효율이 15%가량 상향되었습니다./ "혼자 가면 빨리 갈 수 있지만 함께 가면 멀리갈 수 있다."라는 말이 있습니다./ 저는 그때 협업의 중요성에 대해 배울 수 있었습니다.

영업직은/ 성실과 책임을 갖고 있어야 한다고 생각합니다./ 처음 그 마음을 유지하며 늘 성실하게 생활할 것입니다./ 저의 왕성한 활동과 포기하지 않는 자세로/ 말이 아닌 행동으로 그 모습을 증명해 보이겠습니다./ 기본을 성실히 수행하는/ 영업인다운 모습을 보여드리겠습니다.

군대를 다녀온 후/ '정신 차려 공부하자.'라는 생각을 했습니다./ 아침 7시까지 도서관에 도착해 예습을 하고/ 수업이 끝난 후에는 9시까지 복습과 궁금증이 생긴 공부들을 했습니다./ 시험기간에는 학교 앞 찜질방에서 잠을 자며/ 집중력을 불태웠습니다./ 그 결과 3번의 성적 장학금을 받을 수 있었습니다./ "사람이 지혜가 부족해 일을 실패하는 경우는 적다./ 대부분이 성실이 부족해서다."라는 말을 들은 적이 있습니다./ 저는 이 경험을 통해/ 성실하면 어떤 일이든 이겨낼 수 있다는 자신감을 얻었습니다.

내 목소리에는 나의 히스토리가 들어 있어요.
여러분이 이 책을 통해 자신의 목소리와 만났으면 좋겠습니다.

면접 전 목소리 관리법

목소리는 나의 건강 상태를 알려주는 '청진기' 역할을 한다. 감기에 걸렸거나, 피곤하거나, 전날 밤 술을 거하게 한잔했다면 면접을 볼 때 좋은 목소리를 낼 수 없다. 평상시 어떻게 하면 목소리를 관리할 수 있는지 구체적인 방법에 대해 알아보자.

• 방법 1 | 물을 많이 마신다.

목소리는 성대가 진동하면서 생기기 때문에 성대의 점막이 항상 촉촉해야 진동이 원활해진다. 이때 너무 차갑거나 뜨거운 물은 오히려 점막을 건조하게 만들기 때문에 미지근한 물이 가장 좋다. 물이 성대에 좋다고 하니 발표 전에 커피나 녹차를 물 대신 마시는 분들이 있다. 하지만 커피나 녹차의 카페인 성분은 목을 오히려 건조하게 만들기 때문에 바로 면접을 앞두고 있다면 가급적 삼가야한다.

◆ 방법 2 | 여름철 선풍기나 에어컨을 직접 닿지 않게 한다.

여름철 더울 때는 선풍기 바람을 얼굴 쪽에 대고 자는 분들이 많다. 계속 차가운 공기가 호흡을 하면서 입과 코로 들어오기 때문에 좋지 않다. 목에 손수건이나 스카프를 매고 자는 것도 좋은 방법이다.

◆ 방법 3 | 노래방이나 모임 자리에서 큰 소리를 내지 않는다.

"넌 화통을 삶아 먹었냐! 왜 이렇게 목소리가 커!"라는 말을 듣는 사람이 있다. '화통'은 화약으로 화살이나 탄알을 내쏘는 무기를 통틀어 이르는 말이다. 탄알이 나갈 때의 소리만큼 목소리가 크다는 것인데 이렇게 원래 소리통을 크게 달고 태어난 분이 아니라면 시끄러운 공간에서 큰 소리로 말하는 것을 자제해야 한다. 아나운서들이 항상 말을 많이 하는데도 목이 쉬지 않는 이유를 알고 있는가?

물론 발성 연습 덕분이기도 하지만 조용한 공간에서 말을 하기 때문이다. 그만큼 내지르지 않아도 되니 성대가 보호되는 것이다.

• 방법 4 | 사탕이나 초콜릿, 케이크 등을 발표 전에 먹지 않는다.

당 성분이 많이 들어 있는 사탕이나 케이크 등을 먹으면 입안에 침이 고여 발표할 때 자꾸 침을 삼켜야 한다. 물론 입안에 침이 고이면서 발음도 부정확하게 된다. 또한 조미료가 많이 들어 있는 자장면과 피자 등의 음식은 오히려 입안을 바짝 마르게 한다. 그렇잖아도 면접 인터뷰하느라 입이 마르는데 먹은 음식물 또한 수분을 훔쳐 가면 안 되지 않은가? 면접 전에는 되도록 달게도 짜게도 먹지 말자.

• 방법 5 | 발성 연습을 꾸준히 한다.

단지 목에 힘을 주고 말하기 보다는 내 몸 전체를 울려 소리를 내자. 그럼 목의 부담이 한결 덜어져 편하게 말할 수 있다. 몸 전체를 울리는 '복식호흡'을 생활화하자. 복식호흡은 배로 하는 호흡을 말하며 갈비뼈 아래에서부터 배꼽 5cm까지의 복식호흡 존을 이용해 호흡하는 것이다. 복식호흡 존에 풍선이 들어가 있다고 생각하자. 숨을 들이마시면 풍선은 부풀어 오른다. 내쉬면 풍선은 꺼질

것이다. 우리의 말은 배에 숨을 가득 채운 다음 내뱉으며 하는 것
이다.

◆ 방법 6 | 폐활량을 늘려줄 수 있는 운동을 한다.

몸이 건강해야 좋은 소리가 나온다. 면접을 앞두고는 복식호흡 존
에 많은 숨을 담을 수 있도록 꾸준한 운동을 해주자. 산책, 수영과
달리기, 헬스, 요가 등의 운동이 좋다. 하지만 갑작스럽게 면접 전
에 운동을 과하게 하면 오히려 컨디션이 좋지 않을 수 있으니 평소
꾸준한 체력 운동을 하자.

◆ 방법 7 | 행복한 마음을 갖는다.

마음 편한 친구와 장시간 수다를 떨었을 때 목이 쉬는 사람은 많지
않다. 목소리는 몸의 긴장도와 밀접한 관계가 있다. 마음 편한 친
구와 대화를 나눌 때는 목의 긴장도가 떨어져 목소리가 부드럽게
나온다. 하지만 불편한 사람과 말할 때는 몸의 긴장으로 인해 목소
리 또한 딱딱해진다. 누군가와 대화를 나눌 때나 앞에 나와 발표를
할 때 행복하고 즐거운 마음을 갖자.

감기에 걸리면 체력이 떨어져 말이 편하게 나오지 않는다. 면접을 앞두고는 사전에 너무 심한 운동이나 과음 등을 하지 않고 미리 컨디션 관리를 해놓는 것이 중요하다. 또한 손수건이나 스카프로 항상 목을 보호하는 것도 중요하다. 감기는 자기가 가장 약한 부분부터 증상이 오는 경우가 많다. 목을 많이 사용하는 나는 감기가 왔다 하면 바로 '목'부터 온다. 이럴 경우 식염수나 소금물로 입안을 가글한다. 또한 소금물을 손에 가득 담은 다음 코로 이 물을 빨아들여 귀와 입에 흐르도록 한다.

목소리를 바꾸니 면접에 합격했다

초판 1쇄 발행 2018년 5월 2일

지은이 임유정
펴낸곳 원앤원북스 | **펴낸이** 오운영
경영총괄 박종명 | **편집** 최윤정·김효주·이광민
출판등록 제2018-000058호 | **등록일자** 2018년 1월 23일

주소 (04091) 서울시 마포구 토정로 222, 306호(신수동, 한국출판콘텐츠센터)
전화 02-719-7735 | **팩스** 02-719-7736 | **이메일** onobooks2018@naver.com
값 13,000원

ISBN 979-11-963418-4-8 03320

이 도서의 국립중앙도서관 출판예정도서목록(CIP)은 서지정보유통지원시스템 홈페이지
(http://seoji.nl.go.kr)와 국가자료공동목록시스템(http://www.nl.go.kr/kolisnet)에서 이용하실 수
있습니다.(CIP제어번호: CIP2018010856)